新元史

第二册

表

柯劭忞 撰
張京華 黄曙輝 總校

上海古籍出版社

新元史卷之二十七　表第一

宗室世表

元至順中，修《經世大典》，奎章閣學士虞集請賜《脱卜赤顔》。翰林學士承旨塔失海牙曰：「《脱卜赤顔》不可以傳外人。」事格不行。故其《帝繫篇叙録》曰：「國家宗係，外廷不得而知。就簡牘之可見者，謹著之。」《舊史・世系表》實本於《經世大典》，宜其疏舛也。《脱卜赤顔》，今之《秘史》。與《秘史》相出入者，又有拉施特之書。拉施特，見《蒙古金字族譜》者也。蓋《脱卜赤顔》與拉施特所見者，皆當時所禁秘，今得據之以討論得失，亦庶幾信史矣。若昭宗以下之世次，則泰西人所著《蒙古錢譜》具載之，證以《蒙古源流》，不合者蓋尠，故備著於篇，以資考訂焉。太祖分封子弟，填服荒遠，其後乃顔海都雖有鬩墻之釁，然昭宗北走和林，不失舊物，歷二三百年。成吉思汗之族雄長北邊，至今日猶爲中國之藩服，然後知先王封建之制爲不可易也。作《宗室世表》。

烈祖以前世表

一世	孛而帖赤那	
二世	巴塔赤罕	
三世	塔馬察	
四世	豁里察兒蔑兒台	
五世	阿兀站孛羅温	
六世	撒里合察兀	
七世	也客彌敦	
八世	撏鎖赤	
九世	合兒出	
十世	孛兒只吉歹蔑兒干	
十一世	脱羅豁勒真伯顔	
十二世	都蛙鎖豁兒	朵奔蔑而干 生二子，別勒古納台、不古納台，爲塔立斤派。其妻阿蘭豁阿夢與神遇，又生三子，不忽合塔吉、不合禿撒勒只、孛端察兒，爲尼而倫派。

十三世	十四世	十五世	十六世	十七世	十八世	十九世	二十世	二十一世	二十二世	二十三世	二十四世
別勒古訥台 後爲別勒古訥特氏。											
不古訥台 後爲不古訥特氏。											
不忽合塔吉 後爲合塔斤氏。											
不合禿撒勒只 後爲撒勒只兀特氏。											
孛端察兒 孛兒只斤氏，生三子。	巴阿里歹 後爲巴阿鄰氏。										

沼兀列歹 後爲沼兀列氏。	把林失亦剌禿合必失			
	蔑年土敦 生七子，二子知名。			
	合赤曲魯克			
	海都 生三子。			
	伯升豁兒多黑申			
	敦必乃薛禪 生九子，知名者八。			
	葛朮虎	葛忽剌急里怛	合產	
	那吉牙歹 後爲那牙勤氏。	巴魯剌台 後爲巴魯剌思氏。	額兒點圖巴魯剌 後爲也客巴都剌思氏。	脫朵延巴魯剌 後爲兀

	哈剌喇歹	葛赤渾	合不勒可汗 生七子。	
出巴魯剌思氏。	不答安惕 後爲不答安惕氏。	阿答兒歹 後爲阿答兒斤氏。	斡勤巴兒合黑 後爲主兒乞氏。	把兒壇把阿禿兒 生四子，爲乞牙特氏。
			莎兒合禿主兒	蒙哥禿乞顏 捏坤太石 也速該把阿禿兒 追謚烈
			薛扯別乞 台出	翁古兒 忽察兒
				不古札八

							布等哲兒 勤達貝
		忽禿黑禿 蒙列兒 合答安把 阿禿兒	忽圖刺可 汗 生三子。		忽蘭巴阿 禿兒	脱朵延斡 惕赤斤	
祖神元 皇帝。	答阿里台 斡惕赤斤	不里孛可	拙赤可汗 吉兒馬兀	阿勒壇斡 惕赤斤	也客扯連		
					納鄰客延		

察剌孩領忽 生四子。			抄真斡兒帖該	
想昆必勒格 後爲泰亦赤兀氏。	別速台 後爲別速特氏。	堅都赤那 後爲赤那思氏。 玉烈克勤赤那	斡羅訥兒 後爲斡羅訥兒台氏。	都兒魯亦圖 後爲晃火壇氏。
俺巴孩可汗 生十子，知名者一。				
合答安太石				
塔兒忽台乞部勒禿黑 忽鄰兒	阿兀出			

				納臣把阿禿兒四子。
				兀魯兀歹後爲兀魯兀惕氏。
阿魯剌後爲阿魯剌惕氏。	雪你惕後爲雪你惕氏。	合卜禿兒合忽後爲合卜禿兒合忽氏。	格尼格思後爲格尼格思氏。	

	札只剌歹 孛端察兒虜札兒赤兀惕阿當罕兀良合真氏，前夫遺腹子。
	土古兀歹
	不里不勒赤魯
忙忽歹 後爲忙忽台氏。 失主兀歹 後爲失主兀惕氏。 朵豁剌歹 後爲朵豁剌歹氏。	合剌合答安
	札木合

烈祖弟答阿里台官人世表

世		
一世	答阿里台 斡惕赤斤〔一〕	
二世	大納耶耶	
三世	小哥	甯海王闊闊出 至元九年五月，給諸王闊闊出青海銀符二。
四世		也里干
五世		哈魯罕 甯海王亦思蠻 甯海王拔都兒 延祐五年敕賜，金印螭紐。 甯海王阿海
六世		益王買奴 泰定三年正月壬子封宣靖王。至順二年給印，金鍍銀印龜紐。後至元二年二月，進封益王。 阿魯。
七世		益王渾都帖木兒
八世		
九世		
十世		
十一世		
十二世		

一世	拙赤合撒兒 相傳有四十子，惟五子知名。			
二世	也古 《舊表》淄川王也苦，無封王賜印年分。	也生哥		
三世	火魯火孫 貝達克	愛每根		
四世		勢都兒		
五世		齊王八不沙 大德十一年封。	必烈虎	黃兀兒
六世				齊王月魯帖木兒 延祐三年七月，封爲保恩王，賜金印螭紐。六年
七世				齊王失烈門
八世				
九世				
十世				
十一世				
十二世				

				禿忽	巴忽克塔兒				
		伯木兒	野仙帖木兒	阿不干	徹兒吉歹				
					乞卜察克		蘇圖	庫克	圖丹土喝塔
					台出	霍剌台			
三月，進封恩王，賜金印獸紐。泰定三年，嗣其父齊王位。	別兒帖木兒								

			台兒吉兒	巴魄						
				布剌兒吉						
				孛兒台						
					吐哥帖木兒 爲義闌克汗。					
	哈剌兒珠 七子。	帖木兒 沙里								
		木哥都	布克兒台							
			庫倫沙喝							
		忽圖哥	阿兒思蘭							
		沙兒速克塔	忽占							
			札馬赤							
		孟岱兒 忽兒達哈	烏而傑時木拉							

哈準		
按只吉歹		
察忽喇		
忽剌忽兒	濟南王也只里 至元二十四年封。大德十一年，武宗即位，以罪誅。	吴王朵列納 大德十一年七月丁丑，封濟王，至大五年賜印，皇慶元年改封吴王。
勝哈納兒		吴王潑皮

			帖木哥斡赤斤	
			只不干	
	忽刺出	哈丹	塔察兒國王	
吴王木楠子 至順元年進封濟陽王。木楠子爲吴王。其濟陽王封年闕〔二〕。		老的	阿朮魯〔三〕	遼王脱脱 延祐三年封。天曆元年上都陷，死之。
吴王搠思監			乃顏 以叛誅〔四〕。	八都 天曆元年以聚衆剽掠，詔捕之。
吴王朵兒赤				

	壽王乃蠻台 至大元年封。		也不干 兀剌兒吉歹	奥速海 察剌海	孛羅歹 從諸王
遼王牙納失里 天曆二年八月封，世系闕。	壽王脱里出 封年闕。	孛羅			搠魯蠻
					卯罕

			撒答吉 哈失歹	察只剌	斡端
	帖木迭兒				愛牙哈赤 至元二十八年正月給印。
阿禿作亂。	八乞出	襲剌謀 亦作昔剌木。從海都叛。	八里牙 亦作不里牙屯，以叛誅。		別里帖帖木兒
			三寶		囊家 至正二十一年以平阿魯輝帖木兒加封。
本伯 也只 不只兒					

						別勒古台		
	斡魯台				白虎 中統元年，奪白虎及襲剌謀歲賜及所屬民户人，並賜塔察兒。	罕都虎		也速不花
	哈八兒都	帖實	氣都哥			霍歷極		廣甯王爪都 中統三年封爪
		脱帖	脱帖木兒			塔出	按灰	帖木兒
斡羅思罕	思剌歹		燕錫	也堅黄兀兒		只兒哈郎	佛寶	
				忻都				

		口温不花		
都爲廣甯王，賜駝紐金鍍銀印。至元十三年三月，賜螭紐金印。		滅里吉歹		兊吉剌歹
	納牙亦作乃顏，與叛王乃顏同名。	濆察	抹札兒撒里蠻闊闊出	廣甯王徹里帖木兒
	脱鐵木兒		薛徹干	廣甯王速渾察至順元年七月，封，賜螭紐金印。
				廣甯王渾都帖木兒至正十三年九月卒。

一世	
二世	
三世	
四世	
五世	
六世	廣甯王帖木兒不花，至正十四年正月襲封，爲渾都帖木兒子，或爲弟，史無明文。
七世	
八世	
九世	
十世	
十一世	
十二世	

太祖諸子世表

一世	朮赤	
二世	鄂爾達白爾斡朵，第一汗，稱東奇卜察克。	
三世	科齊，第二汗，至元十七年嗣。	
四世	伯顏，第三汗，大德五年嗣。	
五世	薩西卜克，第四汗，至大二年嗣。	
六世	愛必散，第五汗，延祐二年嗣。	
七世	漆穆泰，第七汗，至正四年嗣。	
八世		
九世	烏魯斯，第八汗，至正二十一年嗣。	
十世	托克脫起，第九汗，明洪武八年嗣。	貴力察克，第十二汗，明洪武二十四年嗣。
十一世		博拉克，第十三汗，明永樂十八年嗣。
十二世		哈薩克

	穆爾克合札愛必散弟第六汗，延祐七年嗣。	
禿里合勤札		
托克塔迷斯		帖木兒没里克第十汗，明洪武八年嗣。
札剌勤王西乞卜	沙的伯丁克東乞卜察克第二十八汗。 孛羅台東奇卜察克第二十九汗。	科得魯克帖木兒東乞卜察克〔五〕第二十七汗〔六〕。
	乞阿台東奇卜察克第三十八汗。	帖木兒東奇卜察克第三十三汗〔七〕。

第十一汗，明洪武九年嗣。			
察克第三十一汗。	客裏木白爾的東奇卜察克第三十二汗。	起巴兒東奇卜察克第三十三汗。	札八兒白爾的東奇卜察克第三十四汗。

十三世	科魯克穆罕默德帖木兒子，東奇卜察克第三十九汗。			
十四世	馬哈馬特東奇卜察克第四十汗。	阿哈馬特東奇卜察克第四十三汗。		
十五世	喀西木占尼伯克　阿卜特爾克里木	薩伊特阿哈馬特東奇卜察克第四十四汗。	穆爾塔札東奇卜察克汗。	
十六世	合辛　阿卜特爾阿曼	喀西木	阿克古伯克	白爾的伯克
十七世		亞的喀耳		亞古穆齊

一世				
二世	拔都 憲宗六年卒。	金斡爾朵 第一汗，稱西奇卜察克。		
三世	撒里答 第二汗。	托托罕		
四世	烏拉赤	巴爾圖		
五世		禿拉不花 昆逐克（又作寬徹） 天曆二年八月，封肅王。		
六世				
七世				
八世				
九世				巴克的雅兒
十世			賽耶克阿哈馬特 東奇卜察克汗。	賽克阿佛利雅爾
十一世			賽克海特爾	沙哈阿里 占阿里
十二世			特爾維爾	

忙哥帖木兒　至元元年嗣位，十八年卒。第四汗。	
阿力貴赤 脫古列兒	甯肅王脫脫　至元二十七年嗣位，至大元年封，二年賜金印駝紐，皇慶元年卒。第六汗。
月思別　皇慶元年嗣位，後至元六年卒。第七汗。	
帖尼伯克　第八汗。	
札尼別　後至元六年嗣，十六年卒。第九汗。	
畢而諦伯克　第十汗。 科爾納　第十一汗。	努魯斯　第十二汗。自此國內亂，諸王起兵相爭，皆非拔都冑裔。

			脱哈帖木兒		
	晏狄萬	烏拉奇	烏龍帖木兒		
脱脱蒙哥 至元十八年嗣位，二十三年廢。第五汗。			薩里察		
			圖而齊帖木兒		
			阿里伯克		
			哈散 西奇卜察克第二十一汗。		
			烏魯克謨罕默德		塔失帖木兒 其後人爲客里木濟農，譯言郡王也。傳
			馬哈木特克	客失迷	客赤
			客列兒 伊伯剌罕	達尼雅爾	納鄰帖弗剌台 門格里第一

	伯勒克 至元元年卒。第三汗。	昔班 藍斡爾朵汗。		
		勒哈都兒		
		哲齊卜兒		
		巴達庫兒		
		孟古帖木兒		
		孛羅台合勒札 西奇卜察克第十八汗。		額爾班 西奇卜察克第
		伊伯刺罕倭古倫	阿刺白沙哈	噶罕 西奇卜察克第
		帖布刺台賽克	合占拖	
至大清乾隆間，始爲俄羅斯所併。		阿巴兒該耳 其後人爲不合克浩罕國。	帖木兒賽克	
			亞地喀耳	
			博勒克 其後人爲機窪汗。	阿卜刺克

					土斡耳
					塔塔兒
					諾垓 其後人稱失出兒秃魯干。
二十三汗。	托克卜克坤的 西奇卜察克第二十二汗。			起西耳 西奇卜察克第十三汗。	
二十四汗。	阿里倭古倫			起西耳都特 西奇卜察克第十四汗。	
	哈赤謨罕默德				
	忒耳威思	賽因特阿合馬	伊巳克		
			可楚穆		
			伊西木		

察合台				
莫圖根				
不里				
阿畢世喀	合薩兒	帖木兒不花 至元二十八年，封肅遠王，賜印。	阿只吉	
口口大王		南答失里	越王禿剌 大德十一年七月封。 威遠王忽都帖木兒 至治三年七月，封，賜駝紐金印。	赤因鐵木兒
南忽里大王			越王阿剌忒納失里 天曆初以推戴功，賜還其父越王印。	
南失里太子				

	合剌旭烈兀 第二汗。憲宗元年襲汗位，未至國而卒。	帖散篤哇	
	謨八里克沙 第五汗。至元三年嗣。是年爲博拉克所弑。	博拉克 第六汗。至至元三年立，七年卒。	
與鐵失弑英宗，伏誅。		不合帖木兒	篤哇 第九汗。至元十一年立，大德十年卒。
			也先不花 第十三汗。至大二年嗣，延祐五年卒。

寬闍某花 第十一汗。大德十二年嗣，至大元年卒。 古特魯克火者 分封阿母河南，印度河東。	怯伯 第十二汗。延祐弒達里忽，自爲監國，後立也先不花，卒。五年復立，至治元年秋
島特火者	燕只吉台 第十四汗。至治元年嗣，是年卒。
敷來德	突而厥
穆罕默德 第二十一汗。至正二年嗣，是年卒。 二十汗阿里莎兒塔，爲太宗後人。	愷必失哇

七月乙酉卒。	篤來帖木兒 第十五汗。至治元年嗣，二年卒。	忒爾馬塞楞 第十六汗。至治二年嗣，至順元年卒。	宰斡默
		森札兒	真吉賽 第十七汗。元統二年嗣，後至元元年卒。

阿密而	塞而解媮	額不干	
特庫魯克	巴顏庫里 第二十四汗。至正八年嗣，十八年卒。二十三汗達尼斯乃赤太宗後人。	也速帖木兒 第十九汗。後至元四年嗣，六年卒。	尊布 第十八汗。後至元元年嗣，四年卒。
愛里阿思		帖木兒失哇	

				不戴
		亦速兒		揞打密
布里亞	忽拉哇夷			托喀帖木兒 第八汗，至元九年立，十一年卒。 達里忽 第十三汗，至大元年立，二年怯伯剌殺之。
				恩勒可帖木兒
			月思伯克帖木兒 察合台五世孫，不詳世系。	也先木兒
				合占 第二十二汗，至正三年嗣，六年卒。嗣汗位者爲太宗後人。此後攘奪紛起，至明洪武二年爲帖木兒所滅。

也速蒙哥第三汗，定宗命也速蒙哥嗣汗位。憲宗時合剌旭烈兀妃殺之。	貝達兒	撒巴
	阿魯忽第四汗，中統二年嗣，至元三年卒。	聶古伯第七汗，至元七年嗣，九年攻海都，戰殞。
	楚班 基顏 阿兒岱 合贊	

	拖雷	
	忽都禿旭烈兀	
尼古塔兒察合台孫，未詳其父。	阿八哈第二汗，至元二年嗣，十九年卒。	
	阿魯渾第四汗，至元二十一年嗣，二十八年卒。	
	合贊第六汗，元貞元年討貝杜，誅之，嗣汗位，大德八年卒。	哈兒班答第七汗，大德八年嗣，延祐三年卒。
	阿兒朮	不賽因第八汗，延祐三年嗣，後至元二年卒。諸將立阿里不哥後阿爾帕爲嗣，爲拔都孫穆薩所廢。
		摩罕默德沙哈音失立國於發爾斯地。延祐六年立，至正二年卒。
		阿博益克沙至正二年嗣，十三年爲木札爾非所併。

	喀兒來哥	尼古塔兒牙世摩特 第三汗，至元十九年嗣，二十一年被弒。
蓋哈圖 第五汗，至元二十八年嗣，元貞元年爲貝杜所弒。	貝杜 蘇凱	哈喇不花
阿剌佛郎 脱脱木兒	阿里	
察罕帖木兒 第十三汗，後至元五年嗣，七年卒。	穆薩 第十汗，後至元二年嗣，因亂分黨争立。	

蒙哥帖木兒		
哈山 台朮	阿思別兒吉	
	寬徹	特須默德
	帖兒克特蒙格	撒哥
	謨罕默特 第十一汗，後至元二年嗣，四年卒。朮赤孫禿格帖木兒立。	特色天須哈
		西甯王速來蠻 第十五汗，後至元六年嗣，天曆二年封西甯王，至順三年給印。
		太子養吉沙 據莫高窟至正二年造像碑補。速來蠻四子，《舊紀》至正十二年有

				豳王出伯大德八年封威武西甯王，賜金印。大德十一年進封豳王。未詳世次，當是旭烈兀諸孫。
				豳王喃忽里延祐七年嗣。舊史《諸王表》西甯王忽塔的迷失，金印螭紐。天曆二年封。《舊紀》
甯王牙安沙，十三年又作牙罕沙，疑即養吉沙。	速哥沙	阿速歹	脫火赤	

		布勤亦作畢景，又作白克實。
至順三年命甘肅行省爲肅王卜顏帖木兒建第，至正十二年賜肅王惠鞶金繫腰一。此三王均未詳世次。	威武西甯王阿哈伯未詳世次。	
	威武西甯王亦里黑赤元統元年五月嗣。	

				阿里不哥	
空庫斡台〔八〕	出木哈兒 俱阿八哈弟。			明理帖木兒	定王藥木忽兒 大德三年正月，封定遠王，賜金塗銀印龜紐。九
	族式喀潑	欽助	庫爾迷失 旭烈兀第九子之子，未詳其父名。	申汗	定王薛徹干 至治三年九月，泰定帝即位，授以其父金印。
				素喜	定王察里台 泰定四年封。
				阿兒帕 嗣旭烈兀後汗位。	

年，改封威定王，換賜金印駝紐。至大元年，進封定王，換賜金印獸紐。	乃剌忽不花		
	孛顏帖木兒	完者帖木兒	冀王孛羅大德十年，封鎮甯王，賜金印駝紐。延祐
	燕大王據《舊表》，「燕」上有奪字。		鐵木兒脫

		撥綽	
	剌甘失甘	薛必烈傑兒	
四年，進封冀王，金印獸紐。	鎮甯王那海　至治三年封。	楚王柔忍都　至元二十七年封鎮遠王，賜鋈金龜紐銀印。大德十一年進封楚王，賜金印。	
		楚王脫烈帖木兒　至大四年嗣。延祐二年坐累徙西番〔九〕。天曆二年正月復封楚王。	鎮遠王也不干
		楚王八都兒　嗣位年闕。	
		楚王燕帖木兒　嗣位年闕。 速哥帖木兒 朵羅不花	

	末哥	
	永甯王昌童 中統二年封，其父末哥皇弟，賜玉寶，金印駝紐。	
	永甯王伯帖木兒	塔失帖木兒 大德二年封，無國邑名，賜金銀印駝紐。
至治三年二月，置鎮遠王也不干王傅官屬。	永甯王伯顏帖木兒	

			闊列堅	
歲哥都		雪別台	河間王忽察 封年闕。	
速不歹			河間王忽魯歹 至元二年二月封。	
脱脱木兒	哈魯孫	月魯帖木兒 延祐四年封，無國邑名。 買驢也先	河間王也不干 從乃顏叛，奪封。	八八 世祖賜銀印龜紐。至元二十年叛，奪印。
也速不堅				兀禿思帖木兒 合賓帖木兒 延祐四年，詔以

拜答寒　至元七年封，賜金鍍銀印駝紐。	也滅干　大德四年封，賜鎏金印，五年七月卒。
世祖所賜八八印賜合賓帖木兒〔一〇〕。	八八剌　大德五年嗣，賜金印駝紐。
	安定王脱歡　皇慶三年九月封。
	安定王朵兒只班

太宗諸子世表

一世	合失	
二世	海都	
三世	汝甯王察八兒	斡魯温孫　延祐二年三月，
四世	汝甯王完者帖木兒	
五世	汝甯王忽剌台	
六世		
七世		
八世		
九世		
十世		
十一世		
十二世		

					闊端				
					滅里吉歹	蒙哥都	只必帖木兒	帖必烈	曲烈魯
賜金銀駝紐，無國邑名。	塔合察兒	禿曲滅	薩兒班	阿巴干	也速不花 至元元年七月，賜金印駝紐。	亦憐真			汾陽王別帖木兒 延祐四年閏四月封。
									荆王也速也不干 泰定元年九月乙酉封，
									荆王脱火赤

	闊出		哈剌察兒	合丹
	失列門		脫脫	靚爾赤
	孛羅赤		月別吉 沙藍朵兒只	小薛
賜金印。	靖遼王合歹 至元二十六年正月封，賜金鍍銀印龜紐〔一〕。	襄甯王阿魯灰		星吉班
荊王脫脫木兒	襄甯王也速不干 至大二年三月封，賜金印駝紐。			

					滅里
也不干	也迭兒	也孫脫	火你	乞卜察兀	脫忽
隴王火郎撒 至大元年十二月，封，賜金印。舊史《諸王表》有隴王忽魯歹、隴王忻都察，未詳世次。			咬住		俺都剌
					愛牙赤
					陽翟王太平 泰定元年正月，賜金印。

世	
一世	
二世	
三世	
四世	陽翟王禿滿 至大元年八月封，賜金印。
五世	陽翟王曲春
六世	陽翟王帖木耳赤
七世	陽翟王阿魯輝帖木兒 至正二十年以叛誅。 陽翟王忽都帖木兒
八世	
九世	
十世	
十一世	
十二世	

定宗諸子世表

世				
一世	忽察		腦忽	禾忽
二世	亦兒監藏	完者也不干		南平王禿魯 至元九年封，賜龜紐印。
三世				
四世				
五世				
六世				
七世				
八世				
九世				
十世				
十一世				
十二世				

一世		
二世	十三年改賜塗金銀印駝紐。	察拔特
三世		
四世		
五世		
六世		
七世		
八世		
九世		
十世		
十一世		
十二世		

憲宗諸子世表

一世	班禿阿速台	玉龍答失至元元年封，賜金印駝紐。無國邑名。
二世		撒里蠻 衛王完澤元貞二年賜印。大德六年二月封衛安王，賜金印。至大三年五月進封衛王。
三世		郯王徹徹禿至治二年十二月封武甯王，賜金印。至順二年二月，晉封郯王。
四世		
五世		
六世		
七世		
八世		
九世		
十世		
十一世		
十二世		

	河平王昔里吉		
	兀魯思不花	并王晃火帖木兒 延祐五年二月封嘉王，賜印。泰定二年六月改封并王。	嘉王火兒忽 封年闕。
衛王寬徹哥 未詳世次，疑亦完澤子。		答沙亦思的 完者帖木兒 撫甯王徹里帖木兒 至正二年十二月辛亥封。	

一世	朵兒只	皇太子真金 追謚文惠明孝皇帝，廟號裕宗，三子。	
二世		晉王甘剌麻 至元二十七年十月壬申封梁王，賜獸紐金印。大德六年卒。泰定帝入繼大位，追謚光聖仁孝皇帝，廟號顯宗。	
三世		梁王松山 至元三十年，賜梁王印。	湘甯王迭里哥兒不花 大德十
四世		梁王王禪 延祐七年五月丁未，封雲南王。泰定元年進封梁王。致和元年奉命討大都，兵敗死。	湘甯王八剌失里 泰定帝即位，封
五世		雲南王帖木兒不花 泰定元年十月封。至順元年奪爵，流吉陽軍。	
六世			
七世			
八世			
九世			
十世			
十一世			
十二世			

	答剌麻八剌 至元二十九年卒。武宗入繼大位，追謚昭聖衍孝皇帝，廟號順宗。
一年七月丁巳，封北甯王，賜螭紐金印。至大四年四月，改封湘甯王，換金印。至治末卒。	魏王阿木哥 答剌麻八剌庶子，武宗封，賜獸紐金印。泰定元年六月卒。
湘甯王，金印螭紐。致和元年，奉命勤王，敗死。	脫不花 蠻子 西靖王阿魯 至順元年九月甲午封。

			安西王忙哥剌 至元九年十月封，賜螭紐金印。十年進封秦王，別賜獸紐金印。十五年冬十月卒。
			安西王阿難答 大德十一年二月，有罪賜死。按檀不花初佩秦王印。至元二十四年詔納其印。
			安西王月魯帖木兒 至治三年，泰定帝即位，令嗣安西王。後奪爵，流雲南。至順三年坐謀反，誅。
魏王孛羅帖木兒 嗣位年闕。至正十三年五月討賊，被害。	唐兀台	答兒蠻失里孛羅	

北安王那木罕 至元三年封北平王，賜螭紐金印。十九年進封北安王。二十二年賜螭紐金印。二十九年卒。無子。	雲南王忽哥赤 至元四年八月封，賜駝紐鎏金銀印。八年二月己巳中毒卒。
	營王也先帖木兒 至元十七年賜雲南王印。二十五年換駝金印。武宗即位，進封
	脱歡不花 脱魯 雲南王阿魯 元統二年五月，詔雲南王阿魯鎮雲南，給銀字
	雲南王孛羅 未詳世次。
	梁王把帀瓦兒蜜 未詳世次。

	愛牙赤 至元二十二年賜銀印。		西平王奧魯赤 至元六年十月封，賜駝紐鎏金銀印。	
營王，換獸紐金印。至順五年卒。	阿木干	孛顏帖木兒	鎮西武靖王鐵木兒不花 大德三年封，賜駝紐鎏金銀印。	
圜符。	也的古不花		雲南王老的 至大二年賜以雲南王駝紐鎏金銀印。	
			豫王阿忒思納失里 天曆二年封，賜金印。	安西王答兒麻 至正十三年十二月，以西安王

				西平王八的麻的加 封年闕。賜金鍍銀印駝紐〔二〕。
			鎮西武靖王搠思班 封年闕。賜金鍍銀印駝紐。	西平王貢哥班 後至元三年七月賜西平王印。
印賜之。	乞八	亦只班	涼王黨兀班 後至元六年，以黨兀班太子殁於王事，追封涼王。	

甯王闊闊出 至元二十六年，封甯遠王，賜龜紐鍍金銀印。大德十一年，進封甯王，換獸紐金印。皇慶二年二月卒。	鎮南王脫歡 至元二十一年六月封，賜螭紐金印。大德五年卒。
甯王薛徹禿 延祐七年四月，封甯遠王。至治二年，進封甯王。	鎮南王老章 大德五年嗣。 鎮南王脫不花 老章卒，脫不花嗣。泰定二年卒。
甯王旭滅該	鎮南王孛羅不花
	大聖奴 至正十九年守信州，城陷，死之。

威順王寬徹不花 泰定三年封，賜駝紐銀金鎏印。				淮南帖木兒不花 泰定三年嗣鎮南王。天曆二年，讓王位於孛歡不花，特封宣讓王，賜螭紐金印。
別帖木兒 答帖木兒 報恩奴	接待奴	佛家奴	義王和尚 至正二十四年封。	

至正二十七年，進封淮王，賜金印。明年，大都陷，死之。	文濟王蠻子　元統二年四月封。至正十三年卒。	宣德王不答失理　皇慶二年十月封安德王，賜駝紐鎏金銀印。後進封宣
	文濟王不花帖木兒　至正十三年七月嗣。	

德王，換螭紐金印。	忽都魯帖木兒
	阿八也不干
	八魯朵而只

仁宗皇子

順陽王兀都思不花，延祐二年封安王，賜獸紐金印。英宗即位，降封順陽王，尋賜死。

泰定帝諸子

晉王八的麻亦兒間卜

泰定元年三月封。	小薛	允丹藏卜

文宗諸子

皇太子阿剌忒納剌至順元年三月，封燕王。十二月辛亥，立爲皇太子。二年二月卒。	燕鐵古思至元六年七月丁卯賜死。	太平訥

惠宗以後世表

一世	愛猷達理達臘 廟號昭宗。國語必里克圖汗，改元宣光，在位八年。明洪武十年卒。	脱古思帖木兒 國語烏薩哈爾汗，在位十年。洪武二十年卒。生三子。
二世	買的思八的	恩克卓里克圖 在位四年。洪武二十四年卒。
三世		
四世		
五世		
六世		
七世		
八世		
九世		
十世		
十一世		
十二世		

額勒伯克 國語尼古埒蘇克齊汗，在位八年。建文二年卒。	
坤帖木兒 在位三年。永樂元年卒。明人謂脱古思以下簒弑相仍〔一三〕，乃傳聞之説。	鬼力赤帖木兒 在位八年。永樂九年爲阿魯台所弑。
	德勒伯克 在位五年卒。斡亦剌特額色庫、也先先後簒立。

哈爾古楚克都古楞帖木兒鴻台吉	
阿寨 阿魯台立爲汗，在位五年。正統三年卒。	
岱總 在位十四年。景泰三年爲郭爾羅斯酋徹卜登所弒。	
摩倫 明人稱爲孛來，在位二年。景泰五年爲摩里海所弒。明人稱爲毛里孩。	蒙古勒克埒成吉思 景泰四年爲多郭朗台吉所弒。明人稱爲馬古可兒吉思。

阿噶巴爾濟 岱總弟。景泰四年立，在位一年。	滿都古勒 在位八年。成化五年卒。無子。
哈爾固楚克	
巴延蒙克 號博勒呼弟一吉囊。成化六年爲永謝布之克里葉察罕等所害。	
巴圖蒙克 稱爲達延汗。「達延」即「大元」之異譯。明正統以後所謂小王子也。嘉靖二十二年卒。	
圖魯博羅特 先達延汗卒。	
博迪 在位四年。嘉靖二十六年卒。	
達賚遜 號庫登汗。在位九年。嘉靖三十五年卒。明人謂之打來孫。	
圖門 在位三十六年。萬曆二十年卒。明人謂之土蠻。	
布延 在位二年。萬曆二十二年卒。	

十三世	莽和克
十四世	陵丹 《明史》作林丹。在位三十八年。崇禎七年卒。
十五世	額兒克晃兀兒額哲 明崇禎八年附大清。

【校勘記】

〔一〕「答阿里台斡惕赤斤」，「赤」原作「亦」，據本表上文改。

〔二〕「其濟陽王封年闕」，「封年」原作「年封」，據上下文例乙正。

〔三〕「阿朮魯」，原作「阿木魯」，據本書卷一〇五《烈祖諸子傳》改。

〔四〕「以叛誅」，「誅」字原誤在下欄「八」字下，今移正。

〔五〕「東乞卜察克」，「東」原作「西」，下各欄及下二「東奇卜察克」同。按此表係鄂爾達世系，鄂爾達既稱東奇卜察克，其子孫亦當同稱「東」，不應稱「西」。「西奇卜察克」指拔都一系，此顯係誤置，因改。下同改。

〔六〕「第二十七汗」，原作「第二十七年」，據文意改。

〔七〕「東奇卜察克」，「卜」字原誤在「察」字下，據上下文乙正。

〔八〕「空庫斡台」，原作「空庫幹台」，據本書卷一〇八《旭烈兀傳》改。

〔九〕「徙」，原作「從」，據本書卷一一〇《撥綽傳》改。

〔一〇〕「詔」，原作「紹」，據《元史》卷一〇八表第三《諸王表》改。

〔一一〕「賜金鍍銀印龜紐」，「賜」字原闕，據上下文例補。

〔一二〕「賜金鍍銀印駝紐」，「賜」字原闕，據上下文例補；「紐」原作「紀」，據文意改。

〔一三〕「篡弒相仍」，「篡」原作「纂」，據文意改。下「先後篡立」同。

新元史卷之二十八　表第二

氏族表上

蒙古氏族，凡阿蘭豁阿夢與神遇生三子之後，爲尼而倫派，曰哈特斤氏、薩而助特氏、泰亦兀赤氏、哀而狄干氏、西族特氏、起訥氏、奴牙特氏、兀魯特氏、忙兀特氏、巴鄰氏、蘇哈奴特氏、貝魯剌思氏、黑特而斤氏、札只剌忒氏、布達特氏、都黑拉特氏、貝亦速特氏、蘇嘎特氏、烏而訥兀特氏、亨力希牙特氏。其餘爲都而魯斤派，亦稱塔立斤派〔一〕，曰都而斤氏、烏梁黑特氏、鴻火拉特氏、亦乞列思氏、呼中氏、速而徒思氏、伊而都而斤氏、巴牙烏特氏、斤特吉氏，皆爲黑塔塔兒。非蒙古人而歸於蒙古者，曰札剌兒氏、蘇畏亦忒氏、塔塔兒氏、蔑兒乞氏、郭而路烏忒氏、衛拉特氏、貝格林氏、布而古忒氏、忽里氏、土斡剌斯氏、禿馬特氏、布而嘎勤氏、格而謨勤氏、忽而罕氏、賽哈亦忒氏，皆爲白塔塔兒。曰烏拉速特氏、帖楞格特氏、客斯的迷氏、林木中烏梁黑氏，皆爲野塔塔兒。蓋拉施特所述蒙古支派如此。今列而序之，參以《秘史》，證其差别，爲《蒙古氏族表》。至色目氏族則以見於史傳者爲據。陶宗儀所稱蒙古七十二種，色目三十一種，舛訛重複，不爲典要，故弗取焉。

哈特斤氏，亦作合塔斤氏，阿蘭豁阿子布哈哈時斤之後，亦作不忽合答吉。以名爲氏。

阿忽出拔都兒 太祖時與乃蠻有盟約。							

薩而助特氏，阿蘭豁阿子布撒布勒而赤之後，亦作不合禿撒勒吉〔一〕。亦稱珊竹氏，亦稱散朮台氏，又作散竹台氏。此族與太祖不睦，多被殺。

撒木合 太祖功臣，後人在西域。							

吾也而，亦珊竹氏。

圖魯華察 賜號拔都。	吾也而 都元帥，進封營國公，謚中勇。	雪禮 亦作撒里，河間路總管。	拔不忽 一名介，江東宣慰使。	珊竹歹 屯田打捕司達魯花赤。	嘉興 牛兒 三寶		

阿臘帖木兒 宜興州同知。 拔辰 淮西江北道廉訪僉事。		
《秘書志》御史中丞拔辰之子。泰定四年任著作郎。 卜鄰吉帶	鐵木兒 卜顏 吉祥奴	也速答兒 右八人皆拔不忽孫。

紐璘，亦珊竹氏。

孛羅帶 太祖宿衛。	
太答兒 都元帥。	
宿敦	紐璘 都元帥，追封蜀國公，謚忠武。
	也速答兒 雲南行省左丞相。
	囊家台 四川行省平章政事。
	答失八都魯 四川行省左丞相。
	孛羅帖木兒 中書右丞相。
	天寶奴

					識理木雲南行省左丞。		
					亦只兒不花右丞。		
				拜延四川行省左丞。			
				不花台陝西都元帥。			
			八剌蒙古萬户。				

純只海，亦珊竹氏。

純只海京兆行省都達魯火赤，追封定西王，謚武穆。	昂秃兒	奚加解泰州達魯花赤。	脱烈襲父職。	帖古迭兒襲父職。			

泰亦兀赤氏，海都次子剌剌孩領忽之後。亦作扯而黑林昆。蒙古人相傳布等折兒之孫塔勤

爲泰亦兀赤祖〔三〕，拉施特謂《蒙古金字族譜》泰亦兀赤乃扯而黑林昆之後，譜内有塔勤保護海都免於札剌兒之難，故謁爲塔勤之後云。扯而黑林昆長子獲里哈而圖古起乃、次子合必海汗之後，俱爲泰亦兀赤氏。

合丹大石 合必海汗之子。		
土塔		
朮赤 與太祖交好。	阿達兒	
速敦	塔而忽台	希立而禿思
		忽里兒拔都兒 塔而忽台之姪。 盎忽呼忽助 塔而忽台之姪。

哀而狄干氏，海都幼子昭春之後。

西族忒氏，亦昭春之後。

扯力克 拔都部將。							

只訥斯氏，亦作起訥氏。扯而黑林昆娶其兄拜星忽兒之妻，生二子，長根都起乃，次烏勒克斤起乃，其後爲只訥斯氏。只訥譯言狼也。亦稱乃古兹氏。

兀魯特氏，亦作兀魯兀台氏。納臣拔都兒生二子，長兀魯兀台，次忙兀台，各以其名爲氏。兀魯兀台之孫曰朮赤台。

朮赤台	怯台 德清郡王。	端真拔都兒 襄郡王。					
		哈答 襄郡王。	脱歡	塔失帖木兒	匣剌不花		
				朵來			
			赤憐真班				
			慶童 襄郡王。	也里不花 襄郡王。			

者歹，亦兀魯兀台氏。

者歹 拖雷位下千户。拉施特書作「者弟諾延」。	
忙忽台 者歹孫。世祖時千户，其子仕於合贊。	

孛罕兀羅帶氏，即兀魯特之異譯。

孛罕 左手萬户。	
忽都 蒙古漢軍總管。	
札忽帶 千户。	忽都答立 襲父職。
阿都赤 千户。	

忙兀台氏，忙兀台之後。

畏翼	畏答兒	
	忙哥 封郡王。亦作木哥寒札。拉施特書作「謨特嘎忽而札」。	
	只里兀解乞	答解魯 襲郡王。

蘸木曷　追封泰安王，謚武毅。				
瑣魯火都　追封泰安王，謚忠定。				
博羅歡　江浙行省平章政事，追封泰安王，謚武穆。				
渾都　山東宣慰使。	伯都　江南行臺御史大夫，追封魯國公，謚元獻。	埜先帖木兒　知樞密院事。		博羅　陝西行省平章政事。
	篤爾只　將作院判官。	尼摩星吉　襄郡王。	亦思剌瓦星吉　中政院使。	

巴鄰氏，亦曰八阿鄰氏，又曰八鄰氏。孛端察兒少子，曰巴阿里歹，其子曰赤都忽勒孛闊，娶婦多生子，亦多後，爲蔑年八鄰氏。蒙古謂多爲「蔑揑」，急讀爲「蔑年」。

失兒古額兒 左千户，追封淮安王，謚武定。亦作述律哥圖。			
阿剌里 襲父職，兼斷事官，追封武安王，謚武康。			納牙阿 中軍萬户。
曉古台 追封淮安王，謚武靖。			阿里黑巴罷
伯顏 太傅，追封淮安王，謚忠武。			庫庫楚 從旭烈兀在西域。
買的 僉樞密院事。	囊家台 樞密副使。	朵真普	
	相加碩利 江南行臺御史大夫。		

蒙黑兒土而干，亦巴鄰氏。

蒙黑兒土而干 太祖千户。
火赤諾延 千户。

蘇哈奴特氏，與巴鄰氏同祖。兄弟三人，幼者奸一婢而生子，婢畏其妻知，裹以貂裘，藏馬糞中。其父過而見之，知爲己子，與其妻育之，故此子雖爲巴鄰部人，而别稱之曰蘇哈奴特。蒙古擊馬糞之棒曰蘇哈，因以爲名，後以名爲氏。

烏格兒喝而拉							
忽敦喝而扯 兄弟二人俱爲千户。	塔木哈諾顔 哈剌諾顔						

那牙勒氏，亦作奴牙特氏。土默乃汗長子察合蘇之後〔四〕。亦作葛朮虎。以性情好學官人，名那牙吉歹，其後爲那牙勒氏。察合蘇長子布侖，布侖長子朮赤治，拉施特因此氏誤爲兀魯特。朮赤治長子麥兒吉歹，麥兒吉歹長子烏喀必姬，與成吉思汗之子同遊。

種索 太祖功臣，封千户。							

貝魯拉思氏。亦曰八魯剌觧氏，又曰巴魯剌思氏。土默乃汗第二子哈出里，亦作合赤兀，又作合産。生子軀幹壯偉，飲啖過人，名曰愛兒敦笠巴魯剌。其後以名爲氏。愛兒敦笠巴魯剌長子曰脱丹，脱丹長子曰朮徹野，朮徹野長子曰攸洛堪哈力赤，與太祖諸子同游。按：舊史《世系表》有大、小八魯剌思。愛兒敦笠巴魯剌，《秘史》作「額兒點圖巴魯剌」。脱丹，《秘史》作「脱朵延巴魯剌」。然則大、小巴魯剌謂愛兒敦笠父子，非兩氏也。

不魯罕罕札	許兒台 千户。	兪吉剌帶 軍器監官。	忽林失 萬户，加司徒。	燕不倫
八魯剌思 千户，遷萬户。				

合剌察兒，亦巴魯剌思氏。

速忽薛禪	合剌察兒 太祖功臣，爲駙馬帖木兒五世祖。

忽必來，亦貝魯剌思氏。

忽必來 與弟忽都思俱太祖功臣。
忽都思

唵木海八剌忽觧氏。疑即八魯剌觧。

孛合出	唵木海 都元帥。	忒木台兒 行省斷事官。	忽都答兒 達魯花赤。

札只剌忒氏，别作朱里牙忒氏，又作札答蘭氏。孛端察兒虜懷孕婦人阿當罕，生子曰札只剌歹，其後以名爲氏。札木合，其部長也。

忽少兀兒 太祖命以千人鎮契丹曲而只之地。哈柳答兒 太祖遣使王汗。

黑得而斤氏。又作阿答兒斤氏。土默乃汗第四子合赤温，又作葛赤渾，生子曰阿答兒蔑兒蔑兒干。其人好爲間諜，故名爲阿答兒斤，遂以爲氏。阿答兒長子那伏衮，那伏衮長子呼古，呼古長子布拉柱，與太祖諸子同游。

木忽兒忽蘭 太祖時爲千户，其後人在西域。

布達特氏。亦作不答阿惕氏。土默乃汗第五子博歹阿庫而根，以争飲啖無禮，故以博歹阿名

之，亦作不答阿。遂爲氏。其長子塔力古台，塔力古台長子火力台，火力台長子乞兒吉歹，與太祖諸子同游。

都黑拉特氏。亦作朵豁剌歹氏。納臣拔都兒娶一妻，生子曰失主兀歹，曰朵豁剌歹，因以名爲氏。或曰土默乃汗八子布等哲兒之後。

貝速特氏。亦作別速特氏。孛端察兒五世孫察剌孩領忽有子曰別速台，因以名爲氏。或曰土默乃汗九子勤達貝又作乞牙台。之後，爲別速氏。

哲別 太祖功臣。	生忽孫 千户。	海特亦特					
蒙都薩費兒 者別弟。	烏勒斯						
合丹 哲別族人。							

貝住，亦貝速特氏。

貝住							

戴喀，亦貝速特氏。

戴喀　其父爲泰亦兀赤所殺，其母拜特兒以二子歸於太祖。	古兒速兒　千户戴喀弟。
都里　萬户。	布里察 蘇干

抄兒亦別速台氏，徙汴梁路陽武縣。

抄兒〔五〕
抄海
別帖
阿必察　蒙古軍總管，領右手萬户。

蘇嘎特氏。亦作禿別歹氏，又作禿別亦氏。

土薛
線真　中書右丞相，追封秦國公，謚忠獻。
完澤　中書右丞相，追封興元王，謚忠憲。
長壽　中書右丞。
買苟　中政使。

拓拔氏，疑即秃別之轉，借古名譯之。

按札兒	忙漢 千户。	乃蠻 千户。					
	拙赤哥	忽倫					
		撅只海 統軍千户。					
		闊闊朮 禮部尚書。	燕帖木兒 江南行臺監察御史。	觀音奴			
					也先帖木兒	道道	
						萬家驢	
			脱脱				

烏而訥兀特氏，亦作烏而惱烏特氏。分三派，一昏乃克喝壇氏，一阿而拉而特氏，一烏而惱烏格椤郭特氏。

昏乃克喝壇氏。亦作晃合丹氏，又作晃豁歹氏，又作晃火壇氏，又作蘇堪斤醋灘氏。抄真斡兒帖該之子都兒魯亦圖行道甚速，鼻孔出聲，因稱晃火壇，後以爲氏。

察剌合			
明里也赤哥 亦作蒙力克額赤干。			
脱倫闍里必 千户。			蘇圖 千户。 闊闊出 又名帖卜騰格里。
伯八 萬户，屯守欠欠州。			
八剌	不蘭奚	阿都兀赤 河北河南道廉訪使。	

阿而拉特氏，亦曰阿魯剌氏，又作阿兒剌氏，又作阿剌納氏。抄真斡兒帖該之子，以名爲氏。

納忽伯顏 亦作納忽阿爾蘭。
博爾朮 亦作孛斡兒出，又作布而古勤，右手萬户，功臣第一，追封廣平王，謚忠武。
孛欒台 萬户，追封廣平王，謚忠定。
玉昔帖木兒 太傅，追封廣平王。
木剌忽 知樞密院事，襲廣平王。 脱憐 秃土哈
阿魯圖 右丞相，襲廣平王。
哈剌章 怯薛官。

				布拉忽兒 博爾朮弟。
	禿赤 御史大夫。	巴而赤古兒 萬户。		
亦作脱脱哈。御史大夫，襲廣平王。			哈班 代木剌忽爲廣平王。	
			咬咬 以征討無功削王爵。	
		紐的該 中書添設左丞相。		

烏而惱烏格楞郭特氏，亦作斡失納兒氏，又曰斡剌納兒氏，又曰斡羅納氏。亦抄真斡兒帖該之子〔六〕，以名爲氏。

巴歹	啓昔禮 亦作哈失力
	博理察 追封順德王，
	囊家台 追封順德王，
	哈剌哈孫 中書右丞相，
	脱歡 江浙行省左
	蠻蠻

克，又作乞失，千户，追封順德王，謚忠武。
謚忠毅。
謚忠愍。
追封順德王，謚忠惠。
丞相。
燮理溥化

阿朮魯，亦斡剌納氏。

阿朮魯	
不花	
忽都答兒 邳州萬户。	懷都 江浙行省參知政事，不花兒子。
	八忽答兒 淮東道宣慰使。

怯怯里斡耳那氏，亦斡羅納之異譯。

怯怯里
相兀速 衛都指揮使。
捏古觧 衛都指揮使。

雪你台氏，亦作薛亦氏。抄真斡兒帖該之子，以名爲氏。

哈八兒禿 千户都鎮撫。
察罕 屯田萬户府副萬户。
太納 襲父職。

格泥格思氏，亦抄真斡兒帖該之子，以名爲氏。按：雪你台、格泥格思二氏，俱尼而倫派，拉施特書遺之，今補。

忽難千戶。							

召烈台氏，亦稱沼兀烈亦惕氏，又曰朱牙特氏，又曰竹温台氏。孛端察兒又娶一妻，生子曰合必赤納，其從嫁之婢生子曰沼兀列歹，子孫因以爲氏。按：朱牙特氏，疑即希牙特氏，亦尼而倫派。

抄兀兒那真也可札魯花赤。	伴散	火魯剌台					

萬家驢竹温台氏。

忽珊追封范陽郡公。	闊闊朮	閭馬					

	蔫克篤 新軍千户達魯花赤，追封范陽郡侯。黑山。	萬家驢 江西榷茶都轉運使。	壽安 永安 定安 甯安				

都而班氏，亦曰都而斤氏，又作朵爾邊氏。都蛙鎖豁兒之後，爲塔立斤派。阿蘭豁阿與朵奔蔑兒干所生之二子，長別勒古納台〔七〕，次不古訥台，亦塔立斤派，其後人無考。

卜兒吉 領太祖親軍。	布拉特阿哈 世祖時奉使西域。						

脱脱出度禮班氏，乃都而班之異譯。亦稱朵里別歹氏。

脱脱出 上都留守。							

錫禮門 濮州達魯花赤。 哈觧 濮州達魯花赤。

禿里不帶氏，又朵里列歹之異譯。

探馬赤 蒙古漢軍萬户。
拜延 襲父職。

卜領勒多禮伯台氏，多禮伯即朵爾邊之異譯。卜領譯言城，謂有城之地多禮伯氏也。

其先脱羅合別吉爲部落盟長，其弟火你赤事太祖，爲副統軍，貴裕其後也。

貴裕 怯薛官，追封咸陽郡公。
合刺 襲父職，追封咸陽郡公。
普蘭奚 山北道廉訪使，追封韓國公。
月魯帖木兒 江浙行省平章政事。
和尚

烏梁黑特氏，亦作烏梁海氏，又作兀良合氏，又作兀里養哈兀禮氏。塔立斤派。蒙古俗聞雷聲，則匿於户內不敢出，獨烏梁黑特人聞雷則大呼，欲與雷聲相敵。太祖時有名將者勒蔑速不台。

者勒蔑 右翼千户，先太祖卒。		
愛速不花 太石 即也孫帖額，襲千户。	愛速不花	塔而布

速不台兀良合氏，其先捏里弼與敦必乃汗有舊，生子曰孛忽都。孛忽都之孫曰哲里麻，生子曰合赤温，速不台之祖也。

合赤温
哈班
忽魯渾 哈必赤
合丹 大宗正府也可札忽魯赤。
也速䚟兒 本名帖木兒，避成宗諱改。尚書平章政事，追封安慶王，謚武襄。
忽剌䚟 江浙行省平章政事。
脱因納 陝西行臺御史。

							速不台 追封河南王，謚忠定。
							兀良合台 大元帥，追封河南王，謚武毅。
							阿朮 中書右丞相，追封河南王，謚武定。
探的 御史中丞。	木八剌沙 南陽府達魯花赤。						不憐吉歹 河南行省左丞相，封河南王。
		紐的該 同知都護院事。	古剌納 上都留守。	完者不花	金保化	篤古八剌 右五人皆也速解兒之孫。	童童 江浙行省平章政事。

			闊闊帶 都元帥。				
	哈不里						

古嘎伊而喀，亦兀良合氏。

古嘎伊而喀 速不台族人。	哈而哈孫						

鴻火拉特氏，一作空剌哈特氏，又作瓮吉剌氏，又作宏吉剌氏，又作雍吉列氏。塔立斤派。

其嫡祖曰楚而魯忽蔑兒干弟哈拜失米，生二子，長爲盎乞列斯及兀而忽奴特之祖，次楚斯布陶，爲阿拉奴特及鴻格里思約特之祖。長兄與弟不和，欲射之，哈拜失米畏而伏馬腹下，兄憐之，射其耳環，故有蔑兒干之稱。其部居長城之北，近哈剌温山。舊史《特薛禪傳》稱孛思忽兒瓮吉剌氏，孛思即板升之異譯，忽兒即庫倫之異譯，板升譯言屋，庫倫譯言圈子，特因之族，築室以居，稍異游牧之俗，故冠以孛思孛兒，非氏族之名。

特薛禪 亦曰特因諾延。	赤古 追封甯濮郡王。		懷都 愛不哥				

		按陳 亦作阿而赤諾延，封河西王，兼領萬户，追封甯濟王，謚忠武。亦稱塔立該而干。		
		斡陳 嗣萬户，亦稱慎古而干。 納陳 嗣萬户。		
昌吉 甯濮郡王。	脱脱木兒	哈海 脱歡 斡羅陳 嗣萬户。	帖木耳 嗣萬户，賜名按察兒禿那延，封濟甯郡王。	蠻子台 嗣萬户，封濟甯王。
			琱阿不剌 嗣萬户，封魯王。	桑哥不剌 封鄆安王，追封魯王。
			阿里嘉室利 嗣萬户，封魯王。	

	必哥	唆兒火都 千户。						
		阿哈 千户。						納合 渾都帖木兒
仙童 納陳孫。		孛羅沙	伯顔	蠻子	添壽	不花	火都不花 掌吉 右七人，皆唆兒火都孫。	
	丑漢 封安遼王。	也速答兒 軍站千户。						

		火忽	册諸延 軍站千户。			
			哈兒哈孫 賜號拔都。	脱羅木	忙哥陳 舊傳以忙哥陳爲按陳從孫，今從《后妃傳》。	
斡留察兒 右三人皆按陳孫。		不只兒			哈兒只	答兒罕 舊史稱特薛禪裔孫，不知其世。
	脱憐 千户，賜號拔都。		都羅兒 懿國公。			不只兒 與大忽孫同名。
	进不剌 千户。					伯奢
	賈住罕 千户，封兗王。 孛羅帶木兒 千户，封毓德王。					

				帖而該阿蔑兒 與太祖有舊，以女布賽兒克妻之。帖而該不欲娶，爲太祖所殺。	圖忽兒察 其子在西域爲將。	窩忽台諾延 其子在西域[八]，皆特因之族。
哈達	布奔	乃古塔爾	崔和爾 自哈達以下四人，亦答兒罕子，爲裨將。			

孛蘭奚，亦瓮吉剌氏，居應昌，以后族備太祖宿衛。

忙哥	律實 千户。	孛蘭奚 信州路達魯花赤，追封范陽郡公。	脱穎溥化 河南廉訪副使。				

太不花，亦瓮吉剌氏。

太不花 中書右丞相。	壽童 同知樞密院事。						

鴻火特拉氏又分五派：一盎姬拉司氏，即盎乞列斯氏。一兀而忽奴特氏，一哈拉諾特氏，即阿拉奴特氏。一呼魯拉斯氏，即鴻格里思氏。一伊而只斤氏。又作伊而都而斤氏。土斯布陶長子爲哈拉諾特氏，呼魯拉斯、亦作火魯剌斯氏。伊而只斤二氏亦土斯布陶之後。伊而只斤爲驢名，其始祖倒海巴婆塔黑娶契丹女騎驢而至，生子以此爲名，其後人在西域多顯者。

兀而忽奴特氏，亦作斡勒忽訥氏。太祖母宣懿太后之族。

烏倫							

泰亦古而干	札洼兒薛禪娶太祖幼女阿而塔楞。

朮臣貝，亦兀而忽奴特氏。

朮臣貝	娶憲宗女失林公主，卒，又娶其姊哀而海公主。

火魯拉斯氏，土斯布陶之後。有豁里剌兒蔑兒干，以捕貂爲業，生女阿蘭豁阿，朶奔蔑兒干娶之。豁里剌兒台蔑兒干居於豁里禿馬敦之阿里黑兀孫，以部内禁捕貂，乃移家於不兒罕山。其子以豁里剌兒爲氏，亦譯作火魯拉斯。

蔑里吉台	遣答力台告變者。

又有竹温台者，以國族爲公主媵臣，冒姓瓮吉剌氏，居全甯路。

野旃	竹温台 錢糧都總管府達魯花赤。	撒而吉思鏗 宮相總管府副總管。					

亦乞拉思氏，亦曰亦乞列思氏，又曰亦乞列氏。爲鴻吉剌氏之分派，本隸泰亦兀赤部下，後歸附太祖，世爲婚姻。

孛秃 追封昌王，謚忠武。	鎖兒哈 追封昌王，謚武定。	札忽兒臣 追封昌王，謚忠靖。					
			忽憐 追封昌王，謚忠宣。	阿失 封昌王。	八剌失里 襲昌王。	沙藍朵兒 襲昌王。	
					失剌渾台		
					蓋藏八剌		
					阿剌納失里		
					塔海		
					汝叔桑兒只		

	帖列干	帖木干			
			不花 忽憐從弟。	鎖郎哈	唆都哥 封甯昌郡王。
					不憐吉歹 封甯昌郡王。
監藏朵兒只					

呼申氏，亦作許兀慎氏，又作旭申氏。塔立斤派。

博而忽 又作孛羅渾。太祖時第一千户，追封淇陽王。	
脫歡 襲千户，追封淇陽王。	
失列門 追封淇陽王。	
木土各兒	月赤察兒 和林行省右丞相，封淇陽王，謚忠武。
	塔剌海 中書右丞相，追封淇陽王，謚惠穆，一作輝武。
	哈八沙
	朵列不花

				馬剌 大宗正府也可札魯忽赤。	鐵木兒也不干 左都衛通政使。		
					完者帖木兒		
				佤頭 亦名脱兒赤顔，太師録軍國重事，嗣淇陽王。	按馬思不花		
					阿塔火者		
				迭秃兒也不干 內供奉。			
				也先鐵木兒 中書右丞相，嗣淇陽王。			
				奴剌丁 內供奉。			
				伯都			
		怯烈出					

塔察兒 一名倴盞，行省兵馬監元帥。			
別里虎台 都元帥。			
	密察兒 横州達魯花赤，追封平陽郡公。	伯里閣不花 都元帥，追封平陽郡公，謚襄懋。	宋都解 都元帥。
	阿魯灰	昔里伯吉	昔里吉嵩壽
	亦乞里歹		
	八撒兒		

呼世戴伯忽，亦呼申氏。

呼世戴伯忽 太祖命將萬人從朮赤。

速而徒思氏。亦作遜都思氏，又作速勒都孫氏，又作遜都台氏。塔立斤派。

鎖而罕失剌					
赤老温 太祖佐命功臣。					
納圖兒 必闍赤。					
察剌 隨州達魯花赤。					
忽納 江東廉訪使，追封陳留郡侯，謚景桓。					
式列烏臺	脱帖穆耳 東平上千户所達魯花赤。				
		月魯不花 浙西廉訪使，贈遼陽行省平章政事，謚忠肅。	篤列圖 衡陽縣丞。	完澤不完	
		老安 樞密院判官。			百家奴 完澤之姪，佚其父名。

阿剌罕	
兀都鎖 從闊端太子鎮河西。	實理 同知徽政院事，亦赤老溫之後。
唐台觧 王府怯薛官。	
健都班 侍御史。	

塔海拔都兒，亦遜都思氏。

塔海拔都兒 太祖千户。
卜花 襲千户。
阿塔海 江西行省左丞相，追封順陽郡王，謚武敏。

遜都思氏，見於石刻者有拜住，至正二年進士第一，山東廉訪僉事；見於《秘書志》者有那木罕，泰定元年官秘書郎。

伊而都而斤氏，爲速而徒思之分族。

阿而克合薩兒 太祖遣使王汗。拉施特書作「阿克禮吉育」，下三字疑有誤。						

巴牙烏特氏，塔立斤派，分二族，一札狄亦作者第因。巴牙烏特，住札狄河邊；一格倫亦作計格楞。巴牙烏特，住於沙漠。太祖與泰亦兀赤戰，巴牙烏人助之，稱曰貝古。

布哈古而干 千户，娶太祖女。	宏罕古而干					

格倫巴牙烏氏。

翁吉兒諾延 太祖千户。						

斤吉特氏，塔立斤派。族人無著名者，太祖分其部衆四千人與朮赤，內有忽班諾延。

忽班諾延						

札剌兒氏，亦作哲來耳氏，又作札剌亦兒。白塔塔兒部族也。太祖第七世祖都答昆與札剌兒人戰，大敗，部衆盡死，惟幼子海都獲免。其後海都滅札剌兒，俘其人爲奴，故孛而只斤氏不與札剌兒通婚姻。札剌兒分十族，一察特，又作札益忒；一塔克拉烏温；一空喀掃温；一枯姆薩烏忒；一烏壓忒；一必而喀敦；一苦培兒；一土朗起忒；一布里；一申苦忒。太祖佐命功臣木華黎爲札益忒札剌兒氏。

帖列格禿伯顏		
孔温窟洼 亦作古温兀阿，又作孔温兀答，追封魯國王，謚忠宣。		
木華黎 左手萬户，封國王，追封魯國王，謚忠武。		
孛魯 嗣國王，追封魯國王，謚忠定。亦作孛忽兒拉施特云名烏木呼。		
塔思 一名查剌温，嗣國王。		
碩篤兒 食邑三千户，建國王旂鼓。		霸都魯 追封東平王，謚武靖。舊史以霸都魯爲塔思弟，今據
忽都華 襲父爵。	寶哥 忽都帖木兒子，襲父爵。	安童 中書右丞相，追封東平王，謚忠憲，追封魯王。
忽都帖木兒 襲父爵。	道童 襲父爵。	兀都帶 大司徒，追封東平王，謚忠簡，進封兖王。

元明善撰《安童碑》定爲塔思之第二子。				
	拜住 兀都帶子，中書右丞相，追封東平王，謚忠獻，進封鄆王，謚文忠。		定童 霸都魯第二子。	霸都虎台 第三子。
	答剌麻領理 宗仁衛都指揮使。	因納牙失理 一名篤麟鐵穆兒，知樞密院事〔九〕。		

	速渾察 追封魯國王，謚忠烈。孛魯第二子〔一〇〕。				
	忽林池 嗣國王。 乃燕 世祖賜號薛禪，追封魯郡王。				
和童 第四子，襲國王。	碩德 同知通政院事，追封魯郡公，封忠敏。	朶爾直班 別理哥帖木兒子，中書平章政事。			伯顏察兒
	別理哥帖木兒 僉通政院事，追封魯國公。	鐵固思帖木兒	篤堅帖木而	渾都不花	

				伯亦難 孛魯第三子。 野蔑干 第四子。 野不干 第五子。 阿里乞失 追封莒王，諡忠惠。
相威 江淮行省左丞相。	撒蠻			忽速忽兒 嗣國王，追封冀王。
阿老瓦丁 江南行臺御史大夫。	脫脫 江浙行省平章政事。	朵蠻帖木兒 朵兒只長子，翰林學士。	俺木哥失里 嗣國王。	朵羅台 嗣國王。 乃蠻台 遼陽行省左
脫歡 集賢大學士。	朵兒只 中書右丞相，嗣國王。			野仙不花 中書右丞。

	者卜客又作不合千户。	帶孫東阿郡王。						
		秃馬台嗣郡王。					察阿台	忙哥帶孫之後，佚其世次。
		札爾忽征南萬户。	忽圖魯浙江道宣慰使，都元帥。					塔塔兒台東平達魯火赤。
		舒温直襲萬户。	佛寶甯甯國路總管。	按壇不花	安僧淮東宣慰使〔二〕。	博羅兵部尚書。		只必浙西提刑按察使。
丞，封宣甯郡王，進封魯王，謚忠穆。								
晃忽兒不花								

				赤老温愷赤					
				搠阿					
				那海					
				忙哥撒兒 斷事官，追封兗國公。					
禿不申 東平達魯火赤。				脫歡 萬户。	脫兒赤	也先帖木兒	帖木兒不花		
不老赤 塔寶脱因	阿魯灰	完者不花	留住馬 五子皆襲達魯火赤。		明理帖木兒 翰林學士承旨。	哈剌哈孫	塔木兒	哈里哈孫	伯答沙 中書右丞相，追封威平王。
									馬馬的斤

潑皮	八郎

撥徹，亦札剌兒氏。

撥徹 太祖火兒赤，追封曹南王。		
也柳干 都元帥，追封曹南王。		
阿剌罕 中書左丞相，追封曹南王，謚忠宣。		
拜降 河南行省平章政事。	也速迭兒 集賢大學士。	脫歡 江南行臺御史大夫。

朮赤台兒蔑朱，亦哲來耳氏。合丹，亦哲來耳氏〔一二〕。

朮赤台兒蔑朱 太祖時爲將，有五子，後人多在西域。
呼圖克忽兒　哈圖兒　合特兀兒

	渾得海						
	伊而嘎蔑而干						
朮赤昭兒開 蔑朱之弟。							

合丹，亦哲來耳氏。

合丹 太祖時爲將。	伊魯該 以其父死，太祖保護之。 伊而奇歹	丹尼世們 從海都。					

把拉，亦哲來耳氏。

巴拉 亦作貝拉千户。							

别速兒，亦哲來耳氏。

別速兒 太祖千户。							

賽拔，亦哲來耳氏。

賽拔 從王汗處請孛爾台皇后者。		賽而塔克 賽拔之孫。	阿札兒				

唆都，亦札剌兒氏。

唆都 占城行省右丞，謚襄愍。	百家奴 鎮江路總管。						

塔出，亦札剌兒氏。

札剌台 征高麗元帥。	塔出 遼陽行省平章政事。	答蘭帖木兒 遼陽行省參知政事。					

奥魯赤，亦札刺兒氏。或云木華黎之近屬。

豁火察			
朔魯罕			
忒本台 行省事，駐兵太原平陽河南。			
奥魯赤 江西行省平章政事，追封鄭國公，謚忠宣。			
拜住 蒙古侍衛親軍副都指揮使。	脱桓不花 蒙古軍都萬户。	普答刺吉 同知樞密院事。	特穆實 南甯軍達魯花赤。
	察罕帖木兒 蒙古軍都萬户。		

拜延八都魯，亦札刺兒氏。

拜延八都魯 蒙古奥魯官。
外貌台
兀渾察 萬户。
失名 曲先路左副都元帥。

塔海忽都 四川副都元帥。
孛羅帖木兒 襲父職。

脱端，亦札剌兒氏。

菊者	
脱端 萬户。	
不花 千户。 阿藍答兒 千户。 長壽 千户。	脱歡 千户，武昌路達魯花赤〔一三〕。

潮海，亦札剌兒氏。

潮海 靖海縣達魯花赤〔一四〕。
民安圖 襲父職。

蘇畏亦忒氏，白塔塔兒部族也。亦曰蘇尼特氏。分二派，一曰喀伊倫。亦曰喀潑得倫。

亨杜綽克 萬户，以擅殺官吏，憲宗命阿兒渾戮之。	薩拉貝克 亨杜綽克弟，接統其衆，與怯的不花征埃及，兵敗而逃，旭烈兀戮之。	察兒馬根	蘇得而殺力基	明以格 特達兒 三人皆蘇尼特氏。

塔塔兒氏，亦作答答帶，又作脱脱里台，又作答答里帶。白塔塔兒部族也。分六族，一土黑里均忒，

一阿兒哥，一察斤，一古亦辛，一訥札特，一也兒忽依。答答兒六族亦作察合安、阿勒赤、都答兒惕、阿魯孩、阿亦里兀惕、備魯兀惕，譯音不能强合。

忽都虎察斤塔塔兒氏。亦作失吉忽都虎。失吉，即察斤之異譯。

忽都虎 宣懿皇后養子，拉施特以爲光獻皇后養子，誤。

忽理、土黑理，均忒塔塔兒氏。

忽理 太祖欲盡殺塔塔兒人，見二小兒，憐之，命別速皇后收養，即忽理兄弟也，後爲拖雷將。	哈剌蒙都 忽理弟。
	撒里 憲宗命守巴達克山等處。
	鄂而多 襲父位，有二子，皆爲西域將。

胡土虎特，塔塔兒氏，也速皇后之弟。

胡土虎特 左翼千户。							

賽馬兒古亦辛，塔塔兒氏。

賽馬兒諾延 旭烈兀部將。							

比孫吐哇[一五]，塔塔兒氏。

比孫比哇 太祖管馬人。	聶古塔石 世祖命使於旭烈兀。						

塔思，答答里氏。

塔思 東平路達魯火赤。	鐵里哥 行軍萬户。	札剌兒台 福建市舶都轉運使。					
		雍乞剌台					

				也速歹兒 怯薛都。	也鮮不花 監戰萬户。
乞里台 浙西道宣慰使。	忙兀台 江西行省丞相。				
	帖木兒不花	孛蘭奚 萬户。	亦剌出 中書參知政事。		

旦只兒，亦答答帶氏。

旦只兒 平陽等路達魯火赤。
建都不花 襲父職。

帖赤，亦答答帶氏。

帖赤 四川都元帥行樞密院。	帖木兒脱 征緬都元帥。	忽都答兒 蒙古軍萬户。					
	帖木兒不花 四川行省平章事。						

忒木勒哥，亦答答里帶氏，其先從木華黎將蒙古軍鎮太原以西八州。

忒木勒哥	札剌帶	拜答兒	塔海帖木兒				
	札里						
	答木						

脱因納，舊史稱答答乂氏，「乂」疑「歹」字之誤。

脱脱里台氏。亦作脱脱忒氏。

紐兒傑	布智兒 也可札魯忽赤。	好禮 水軍萬户府達魯花赤〔一六〕。					

		別帖木兒 吏部尚書。					
		補兒答思 雲南宣慰使。					
		不蘭奚 水軍萬户招討使。	完著不花				

孛兒速，亦脱脱里氏。

孛兒速 宿衛官。	答答阿兒 揭只烈温千户。						

按攤脱脱里氏。「按攤」，譯言「金」也，當是塔塔兒降於金者。

闊闊不花 都元帥。	黄頭 探馬赤元帥。	東哥馬 千户。					

蔑兒乞特氏，亦稱蔑兒乞氏，亦曰麥里吉台氏，又曰滅兒吉䚟氏，别名兀都特氏。白塔塔兒部族也。分四族，一畏忽兒，一謨丹，一土塔黑麻，一起庸。按《秘史》蔑兒乞分三種，一兀都亦，一兀洼思，一合阿台，與拉

施特書不合。其族人太祖殺之殆盡，惟嬰兒獲免。

只馬兒哈札黑 忽蘭皇后之弟，太祖時爲千户。

伯顏蔑兒乞氏。

按馬哈兒 追封淮陽王，謚忠靖。				
稱海 領海百户，追封淮陽王，謚忠襄。				
謹只兒 追封鄭王，謚忠懿。				
也速迭兒 平章政事。	雪你台	燕帖木兒 中政使。	教化的 尚服使。	伯顏 中書大丞相，封秦王。

			伯要台				
			馬札兒台 中書右丞相，封德王。	脫脫 中書右丞相，封鄭王。	哈剌章 中書右丞相，封申國公。		
					三寶奴 知樞密院事。		
				也先帖木兒 御史大夫。			

闊闊亦蔑里吉氏，世居不里罕哈里敦地，國初舉族內附。

闊闊 中書左丞。	堅童 河南行省平章政事。						

紹古兒，亦蔑里吉氏。

紹古兒 名磁路等都達魯花赤。	拜都 襲父職。	忽都虎 邳州萬户。					

曲列爾，亦蔑里吉氏。一作邁禮吉真氏。

曲列爾 濟南路達魯花赤。	闊闊台 監十路總管。						

脱脱亦默而吉台氏。

默而吉台 追封范陽郡公。	吾都兒 追封范陽郡公。	帖古迭兒 吴縣達魯花赤，追封冀國公。	脱脱 翰林學士承旨平章政事。	安僧	張保		

郭而路烏特氏，亦曰朵魯伯觧氏。白塔塔部族也。其牧地與鴻火剌特伊而只斤貝而忽特相近，不與太祖爲敵，太祖亦善待之。

阿不干諾延	布掄台 爲大將，有名。						
	土塔哈諾延 助阿里不哥以叛，世祖宥而用之，使征	布月忽兒					

	哈剌欲兒 赤阿不干族人，爲旭烈兀部下大將。
海都。有間之者，奔於阿里不哥。子布月忽兒，後歸於成宗。	

朵魯伯解氏。

葉諦彌實 江西道宣慰使。				
伯帖穆而 千户。 怯里乞忽帖穆而	紐鄰 萬户，達魯花赤。	囊加解	野先帖木兒 同知咸平府。	

保保 同知江陰州。

衛拉特氏，亦作外剌氏，又曰斡赤剌氏。白塔塔兒部族也。其牧地在郭克苦蘭河，分五族，一哈剌烏孫，一西亦呑，一阿富，一烏角而只，一察干。

忽都哈別乞		闊闊干
哈答 一作土納勒赤，又作脫列勒赤，尚太祖孫女火雷公主。	脫亦列赤 亦作也納勒赤，又作亦納赤，尚太祖女闊闊干公主。	
	不哈帖木兒	博兒得洼 娶世祖女，不知名，稱爲也不干。按此即舊史《公主
	烏楚屯 娶阿里不哥女奴木罕。	
		烏魯黑

		表》之延安公主，封延安王。			只英		
		巴而實不哈		西剌潑			
			比格勒迷失				

貝格林氏〔一七〕，亦曰梅林氏。其人非蒙古，又非畏兀兒，以語言同，居賽喝次山，亦白塔塔兒十五種之一。

貝而忽忒氏，亦曰布而古忒。與禿馬特同族，白塔塔部族也。分三族，一貝而忽忒氏，一呼里氏，一土斡剌斯氏，其後三族合一。

朮赤罕 阿魯渾大王 處爲大將。	薩塔立迷失 有賢名。						

禿馬特氏，亦作禿別亦氏。白塔塔兒部族也。

布而嘎勤氏、格而謨勤氏，同爲白塔塔兒部族，居巴而忽真土格羅姆之地，族人無著名者。

忽而罕氏、賽哈夷氏，同爲白塔塔部族，助太祖攻泰亦兀赤。

揑古台氏。相傳太祖少時嘗遇侵暴，夜與從者七人至於大石之厓，解帶加領上以爲禮而禱曰：「若有天命，必有來助者。」俄有十九人前來，請自效，是爲捏古台氏。其族有四，一播而祝吾，一厄知吾，一脱和剌吾，一撒哈兒秃。按撒哈兒即賽哈夷之異譯，脱和剌即土斡剌之異譯，播而祝即布而嘎之異譯，然則捏古台氏乃土斡剌、布而嘎、賽哈夷諸族之總名，其後分析，各爲一種耳。

乞奴，播而祝吾捏古台氏。

乞奴	火失答兒 永豐縣達魯花赤，贈漁陽縣郡伯〔一八〕。	卜里牙秃思 靖州路總管。	篤列圖 天曆庚午進士右榜第一人，江南行臺監察御史。				
			觀音奴				
			孛羅				

忽都達兒，亦捏古觧氏，居雲中。

伯帖木兒	阿屯赤諾延	火者 泰興縣達魯花赤。	阿散 贈禮部尚書，追封雲中郡侯。	忽都達兒 婺州路總管。	捏古思 吴江州同知。		
					捏古烈		

烏拉速特氏、帖楞郭特氏、客思的迷氏，俱野塔塔兒部族也。知藥性，能治疾病。乞兒吉思叛，三族從之，太祖平乞兒吉思，仍歸附。

烏梁海氏，稱爲林木中烏梁海，以別於塔立斤派。不事游牧，生女，詈之則云嫁與牧羊人，以爲大辱。野塔塔兒部族也。

烏達奇 左右翼千户，領千人，守太祖陵寢，在不兒罕山哈兒敦之地。	哀乃克 憲宗時爲大將。					

烏梁海有一族曰虎思斡羅斯，後入於蒙古。

怯烈氏。亦曰克巧亦氏。言語風俗大率類於蒙古，只兒起特、董鄂亦特、土馬烏特、薩起牙、哀里牙特，皆其支派。拉施特書以昔起約特、即薩起牙。哀里堪，即哀里牙。與兀魯特、八鄰等部並舉，亦非蒙古人而入於蒙古者。

脫不花						
怯烈哥						

昔剌斡忽勒						
孛魯歡 中書右丞相，追封雲王。						
也先不花 湖廣行省右丞相，追封瀛王，謚文貞。						木八剌 御史中丞。
亦憐真 湖廣行省左丞相，追封冀王，謚忠定。		禿魯 一作禿忽魯，中書右丞相，追封廣陽王，謚清獻。	答思 湖南宣慰使。	怯烈 中政使。	按攤 中書右丞相，追封趙國公，謚貞孝。	
拜住哥 江南行臺御史大夫。	搠思監 中書右丞相。				阿榮 奎章閣大學士。	
	觀音奴 宣徽使。					

不花帖木兒 四川行省平章政事。

鎮海亦怯烈氏，事太宗，爲十七投下之一。

鎮海 亦作稱海，中書右丞相。				
要束木 札魯花赤。	勃古思 保定路達魯花赤。	闊里吉思		
			八十八 河東道廉訪僉事。	按攤不花 淮東廉訪副使。
		脫烈 靖州路達魯花赤。	也里不花 百户。	
脫火赤 襲千户。				
保保 千户。		赫思 河南河北道廉訪僉事。		

莊家 千户。	塔哈赤 宏州達魯花赤。

槊只腯魯華，亦怯烈氏。

槊只腯魯華 太祖將，追封衛國公，謚武敏〔一九〕。		
撒吉思卜華 真定等路萬户，監軍，追封衛國公，謚忠武。	明安答兒 萬户，追封衛國公，謚武毅。	
	腯虎 世祖賜號拔都。	普蘭奚 徽政使〔二〇〕。

懷都，亦怯烈氏。

懷都					
速哥 山西大達魯花赤，追封宣甯王，謚忠襄。					
長罕	玉呂忽都撒	哈里都	忽蘭 襲父職，追封雲國公，謚康忠。	忽都兒不花	不花
			天德于思 襲父職，追封雲國公，謚顯毅。		

哈散納，亦怯烈氏。

哈散納 平陽、太原兩路達魯花赤。	
捏古伯	
撒的迷失	
木八剌 西域親軍都指揮使。	禿滿答
	哈剌章

阿剌不花，亦怯烈氏，徙開平。

阿剌不花 江西行省參知政事，追封趙國公，謚忠襄。	達理麻識理 知大撫軍院事。						

昂實帶，亦克烈氏。

昔里吉思 砲手軍千户。	元帥 襲父職。	昂實帶 一名土希，河南砲手軍千户。	慕顏帖木兒 砲手軍千户。				

奇爾氏。伊埒庫們事王汗，爲千户，爲奇爾氏。奇爾亦怯烈之異譯。

伊埒庫們	圖卜巴哈	約速射爾					
	齊里克						
	薩里斡罕	布爾哈 千户，追封昌國公，謚莊愍。	達實密 泉府大卿，追封高昌王，謚忠惠。	阿拉直巴 宣政使。			

		蘇布特達巴		布拉尼敦 翰林學士承旨。			
	合拉翰罕						

拔實凱烈氏，即怯烈之異譯。

拔實 集賢學士，河西廉訪使。	博羅貼睦爾						

凱烈氏，阿思蘭之子孫，別爲蘭氏。

阿思蘭 冀甯路達魯花赤。		諳都剌 益都路總管。	燮里堅 新喻州同知。				

燕只吉台氏。亦作衍只吉氏，又作晏只吉觧氏。自燕只吉台氏以下均不詳其氏族所出。

赤太 馬步軍都元帥。	納忽 從憲宗伐宋有功。	掏旅局	徹里				

阿忽台，亦燕只吉歹氏。

忙怯秃 千户。		阿忽台 中書左丞相，追封和甯王，謚忠獻。	自當 侍御史。				
			別兒怯不花 中書右丞相，封冀王，謚忠宣。	達世帖木而 中書平章政事。			

按赤歹氏，亦燕只吉歹之異譯。

八思不花 宣撫使。	忽押忽 河中府達魯花赤。	藥里吉思 雲南行省左丞相。	完澤 湖廣行省右丞相。				

徹兀台氏。

雪里堅諾延 千户。	麥吉 千户。	麥里 賜號答剌罕。 桑忽答兒	秃忽魯				

伲瀡沃鱗氏。

傑烈 鎮太原，謚襄毅。	博秩	益道理世 冀甯路達魯花赤。	僧家訥 一名鈞，廣東道宣慰使。			

哈兒柳溫台氏，世家朔漠，徙許州長葛縣。

哈八禿	馬馬 中千户。	彥智傑 中千户。				
		海廬 同知許州事。				
		伯顏				
		萬奴				

兀速兒吉氏。

曷剌 遼陽行省左丞。	不花 中書參知政事。					

察台氏。

乞台 千户。	哈贊赤 千户，同知大都督府事。						

束吕糺氏。

答不已兒 征行萬户。	脱察剌 襲父職。	重喜 婺州路達路花赤。	慶孫 征行上萬户。	孛蘭英 襲職。			

直脱兒，蒙古氏。

阿察兒 太祖博兒赤。	直脱兒 涿州達魯花赤。	哈蘭木 益都萬户。					
			忽剌出 江浙行省平章政事。				

速哥，蒙古氏。

忽都忽兒	速哥 僉四川行樞密院事。	壽不赤 河東萬户府達魯花赤。					

失里伯，蒙古氏。

怯古兒禿	莫剌合	失里伯 淮西道宣慰使。	哈剌赤 曲靖等處宣慰使。				

也速，蒙古氏。

月闊察兒 太尉。	也速 中書右丞相。						

朵兒不花，蒙古氏。

朵兒不花 江西行省平章政事。	達蘭不花						

哈答孫，蒙古氏。

散海禿 追封隴西郡公。	剌真 追封秦國公，謚安禧。	哈答孫 浙東道宣慰使，追封秦國公，謚昭宣。	塔海 翰林學士承旨。	脫脫木兒 秘書少監。			
				塔海忽都			
				伯顏不花			
			朱苟	斗奴			
			拜住	八匝八尼			
			闊闊	六十二			
			定住	道與			

【校勘記】

〔一〕「塔立斤派」，原作「塔亦斤派」。本書本紀、列傳及本表皆作「立」，不作「亦」，因改。

〔二〕「不合禿撒勒吉」，「撒」原作「撤」，據清魏源《元史新編》卷六一《表五上》改。

〔三〕「泰亦兀赤」，原作「泰亦赤兀」，據上文乙正。

〔四〕「土默乃汗」，原作「上默乃汗」，據上下文改。

〔五〕「抄兒」，原作「抄海」，據本書卷三九《抄兒傳》改。

〔六〕「抄真斡兒帖該」，「斡」原作「幹」，據上下文改。
〔七〕「別勒古納台」，「別」原作「劉」，據本書卷一《序紀》改。
〔八〕「其子在西域」，「在」字原重，今删重。
〔九〕「知樞密院事」，「院」原作「兒」，據文意改。
〔一〇〕「第二子」，原作「第二字」，據文意改。
〔一一〕「淮東宣慰使」，「使」原作「史」，據文意改。
〔一二〕「合丹亦哲來耳氏」，疑爲衍文。
〔一三〕「達魯花赤」，「魯」字原脱，據元代職官名補。
〔一四〕「達魯花赤」，原作「達魯火花」，據《元史》卷一九五列傳第八十二《忠義三》改。
〔一五〕「比孫吐哇」，表作「比孫比哇」，「吐」字疑誤。
〔一六〕「達魯花赤」，「魯」字原脱，據元代職官名補。
〔一七〕「貝格林氏」，「貝」原作「具」，據本表序改。
〔一八〕「漁陽縣郡伯」，「縣」字疑衍。
〔一九〕「謚武敏」，「謚」字原重，今删重。
〔二〇〕「徽政使」，原作「徵政使」，據本書卷一五一本傳改。

新元史卷之二十九　表第三

氏族表下

色目人。曰畏吾氏、唐兀氏、康里氏、乃蠻氏、雍古氏、欽察氏，又爲伯牙吾氏、阿速氏、迦葉彌兒氏、賽夷氏、烏思藏掇族氏、族潁氏、突甘斯氏、感木魯氏。回回氏，其別曰答失蠻、迭里威、失木速、蠻木忽四氏。于闐氏、阿里馬里氏、昔里馬氏、八瓦耳氏、古速魯氏、也里可温氏，亦回回別族。哈剌魯氏、阿魯渾氏、尼波羅氏、忽魯木石氏。

畏吾氏，本回鶻之裔，音轉爲畏吾。或云畏兀，又作偉兀，又作衛兀。本在和林之地，唐末衰亂，徙居火州，古高昌國也。太祖初興，其王巴而朮阿而忒的斤舉國入覲，太祖以公主妻之，自是世爲婚姻。凡世言高昌北庭者，皆畏吾部族。

月仙帖木兒 亦都護。			
巴而朮阿而忒的斤〔一〕 亦都護。			
玉古倫赤的斤〔二〕 嗣亦都護。			
馬木剌的斤 嗣亦都護。			
火赤哈兒的斤 至元三年嗣亦都護。			
紐林的斤〔三〕《諸王表》作「都花的斤」，至大初嗣亦都護。			欽察台
帖木兒補化 嗣亦都護，高昌王，中書左丞相，御史大夫。	籛吉〔四〕 一作藏吉，嗣亦都護，高昌王。	太平奴 亦都護，高昌王。按《舊史》以爲籛吉弟。虞集《高昌王世勳碑》紐林的斤止有二子，則太平奴疑非紐林的斤之子。	月魯帖木兒 嗣亦都護，高昌王，未詳何人之子。
不答失里 中書平章政事，嗣亦都護，高昌王。	和賞 嗣亦都護。元亡，降於明，授高昌衛同知指揮使司事。		桑哥 嗣亦都護。

雪雪的斤 駙馬都尉，中書丞相，高昌王。	朶兒的斤 駙馬都尉，江浙行省丞相，荆南王。	伯顏不花的斤 江東廉訪使，謚桓敏。
		也先不花

孟速思，畏吾貴族也，世居别失八里。

八里朮				
阿里息思 「里」一作「的」，本部都統。				
孟速思 斷事官，謚敏惠，追封武都王，改謚智敏。				
脱因 宣政院使、太府卿。				
察牙孫 四川行省左丞。	僧家奴 行大司農少卿。	本牙失里 同知澧州路事。	五十 唐州達魯花赤。	答納失里

帖兒不花 翰林學士承旨。				小雲者 安西路同知總管府事。	也迭列 平涼府達魯花赤。	買奴 翰林學士承旨，章佩卿。	
黑哥	德福	脱烈不花	長壽		阿思蘭 開成路達魯花赤。	阿兒灘	朵兒只班 翰林侍讀學士。
						亦憐真八 買奴之孫。	

			阿失帖木兒 翰林學士承旨，追封武都王，謚忠簡。	別帖木兒 廬州路達魯花赤。 忽禿 真州達魯花赤。	
				寬者 太常少卿。	
				火你	
			乞帶不花		
			叔丹 吉州路達魯花赤。		
			月古不花 中書左丞。	狗兒 檀州達魯花赤。	
				長安	
			火你赤 雲南都元帥。	善善	
				不花	
			唐兀帶 四川宣慰使、都元帥。	朵兒只 教化	

牙八古	長安	伯顏察兒 右五人皆唐兀帶之子。

潔實彌爾，亦畏吾氏。

八察脱忽鄰 追封齊國公，謚莊靖。		
野薛涅 追封齊國公，謚恭惠。		
玉篤實 同知宣政院事，追封齊國公，謚忠穆。	潔實彌爾 宣政使，追封齊國公，謚文忠。	
	答兒迷失里 宣政院使。 散散 雲南行省右丞。	速速 湖廣行省右丞。 阿育八剌
	阿難答失里	

					阿麻剌失里		
					亦麻剌失里		
					阿育失里 右五人皆潔實彌之孫。		

小雲石脫忽憐，亦畏吾世族。

小雲石脫忽憐 真定路斷事官。	八丹 隆興府達魯花赤，遙授中書右丞。	阿里 鷹房千户。					
		石得 安西王相府官。					
		德眼 汝甯府達魯花赤。					
	速渾察 從旭烈兀至西域。						

哈剌哈孫 中書右丞，行中書省事。				
阿散 甘肅行省平章政事。	剌真 一作「臘真」。中書平章政事，兼翰林學士承旨。			
班祝 河南山西僉肅政廉訪使。	察乃 中書平章政事。			
	孛孛實 河東道宣慰使。 老漢 亦輦真 遼陽行省左丞。 老章 知樞密院事，和甯王。	草地里 真定路達魯花赤。	捏列禿 宫傅。	答剌海

羅羅 江東道廉訪使。	撒馬篤 中書參知政事。	伯顏帖木兒 光祿少卿。

玉龍阿思蘭都大，亦畏吾世族。都大者，華言「巨室」也。

玉龍阿思蘭都大 追封范陽郡公。		
哈剌阿思蘭都大 太祖時爲宿衛，追封范陽郡公。		
阿塔海牙 追封趙國公。		
阿思蘭海牙 中書平章政事。		賽因海牙 同僉宣徽院事。
忙歡 都水少監。	月祿海牙	
寶哥 宿衛。 寶山 宿衛。		

哈剌亦哈赤北魯，亦畏吾氏。

哈剌亦哈赤北魯				
月朵失野訥 都督，兼獨山城達魯花赤。				
乞赤宋忽兒 襲父職，賜號答剌罕。				
塔塔兒 忽棧 火兒思蠻	月兒思蠻 襲父職。			
	阿的迷失帖木兒 秘書太監。			
	阿鄰帖木兒 翰林學士承旨。			
	沙剌班 中書平章政事，宣政院使。	禿忽魯	六十	咱納祿

偰氏，其先世曰暾欲谷，本突厥部。突厥亡，遂臣回紇，世爲國相，居偰輦河，因以偰爲氏。數世至克直普爾，襲本國相，答剌罕賜號阿大都督，遼主授以太師、大丞相，總管内外藏事，國人稱之曰藏赤立。其子曰岳弼，岳弼七子，曰達林、曰亞思弼、曰衢仙、曰博哥、曰博禮、曰合剌脱因、曰多和思。

亞思弼								
仳理伽帖穆爾 《黃溍集》作「普華」，襄國相答剌罕。	岳璘帖穆爾 太宗時充斷事官。							
	益彌勢普華 都督彌勢普華	懷來普華	都爾彌勢 廣西廉訪使。	八撒普華	旭烈普華	和尚	合剌普華 廣東都轉運鹽使，追封高昌郡公，謚忠愍。	
							偰文質 吉安路達魯花赤，追封雲中郡侯，謚忠襄。	
							偰玉列 延祐五年進士，翰林待制兼國史院編修官。	偰直堅 泰定元年進士，宿松縣達魯花赤。
							偰列圖 上虞縣達魯花赤。	

				偰哲篤 延祐二年進士，江浙行省參知政事。	偰百僚遜 至正五年進士，應奉翰林文字。	
					偰理台	
					偰帖該	
					偰德其	
					偰吉思	
					偰賚	
					偰弼 以上皆偰哲篤子。	
				偰朝吾 至治元年進士，同知濟州事。		
				偰列篪 至順元年進士，河南路經歷。		

				多和思
				撒吉思 山東行省大都督，遷經略統軍二使，兼益都達魯花赤，追封雲中郡公。
		獨可理普華	脱烈普華	
越倫質				答里麻 陝西行臺中丞。 約著 隆禧院使，以伯父及父名皆有「里」字，因以里爲氏。
善著 泰定四年進士，同知湘潭州事。				
正宗 至正五年進士。	阿兒思蘭 至正八年進士。			

廉氏布魯海牙，官廉訪使，子孫以廉爲氏。

牙兒八海牙					
吉臺海牙					
布魯海牙　真定、順德諸路宣慰使，追封魏國公，謚孝懿。					
廉希閔　蘄黃等路宣慰使。 廉希憲　一名忻都，中書平章政事，謚文正，進封恒陽王。					
廉孚　僉遼陽行省事。	廉恪　台州路總管。	廉恂　一名迷只兒海牙，中書平章政事。	廉忱　邵武路總管。	廉恒　御史中丞。	廉惇　陝西行省左丞。
廉阿年八哈　浦江縣達魯花赤。 希憲諸孫。					

			廉希恕 湖廣行省右丞，行海北道宣慰使。				
			廉希尹				
			廉希顏				
			廉希愿				
			廉希魯				
			廉希貢 昭文館大學士，薊國公。				
			廉希中				
			廉希括				
			阿魯渾海牙 廣德路達魯花赤。	廉惠山海牙 翰林學士承旨。			
			廉希賢 一名中都海牙，禮部尚書，國信使。				

	阿里普海牙						
		益特思海牙					

貫氏。阿里海牙平江南有功，其子曰貫只哥，子孫因以貫氏。

阿散合徹	阿里海牙 湖南行省左丞相，謚武定，進封江陵王。	忽失海牙 湖廣行省左丞。					
		貫只哥 江西行省平章政事，封楚國公，謚忠惠。	小雲石海涯 翰林侍讀學士，追封京兆郡公，謚文靖。	阿思蘭海牙 慈利州達魯花赤。			
				八三海涯			
			忽都海涯 兩淮萬户府達魯花赤。				
		和尚 湖南道宣慰使。					
		拔突魯海涯					

阿昔思海涯

突里彌實海涯

合滴力海涯 阿里海牙孫。

唐古直，亦畏兀人，子孫以唐爲氏。

唐古直 達魯花赤。

唐仁祖 翰林學士承旨，追封洹國公。

唐恕 翰林待制。

全氏，亦畏吾人，乞台薩理一名萬全，其後因稱全氏。

乞赤也奴亦納里

阿台薩理 追封趙國公，謚端愿。

乞台薩理 釋教都總統，同知總制院事，追封趙國公，謚通敏。

畏兀兒薩理 中書右丞，行泉府太卿。

阿魯渾薩理 中書平章政事，追封趙國公，謚文定。

岳住 一作「爻著」，江西河南行省平章政事。

普達 同僉行宣政院事。

					答里麻		
					安僧 章佩監。		
					仁壽 長秋寺卿。		
				久住 翰林侍讀學士，以兄子安僧爲後。	久住 翰林。		
				買住			
			烏瓦赤薩理				
			全普奄撒里 江西參知政事，死謚敬哀。				

魯氏，亦畏吾人，迦魯納答思之子，以父名爲氏。

迦魯納答思 翰林學士承旨，大司徒。	鐵柱 靖州路達魯花赤。	重喜 崇仁縣達魯花赤。					
		曼陀羅釋理					

大乘都，亦畏吾世族。

伯益赫 追封秦國公，謚康懿。				
月朵識脱忽鄰 追封秦國公，謚安惠。				
大乘都 翰林學士，追封秦國公，謚文敏。				大悲都 宣政院提點所達魯花赤。
大理都 樞密院參議官。 大慈都 翰林學士承旨，崇福院使。	别帖木兒 陝西怯連都總管。	本牙失里	僧奴 烏程縣達魯花赤。	

小乘都，亦畏吾世族。

小乘都 追封秦國公。	
腆藏帖林護迪 追封秦國公。	
安藏 翰林學士，追封秦國公，謚文靖。	
斡兒妥迪欽 徽州路同知。	
闕閭 德安知府。	九九

葉仙鼐，亦畏吾氏。

土堅海牙
葉仙鼐 陝西行省平章政事，追封鞏國公，謚忠敏。
完澤 中書平章政事。

昔班，亦畏吾氏。

闊里別斡赤 本國坤閭城達魯花赤。
昔班 中書右丞，翰林學士承旨。
斡羅思密 浙東宣慰使。
咬住 宗正府札魯花赤。

阿禮海牙，亦畏吾氏。

脫列 集賢大學士。	
野訥 同知樞密院事，追封趙國公，謚忠靖。	阿禮海牙 陝西行臺御史大夫，中書平章政事。

脫力世官，亦畏吾氏。

八思忽都
帖哥朮 羅羅斯副都元帥，同知宣慰司事。
脫力世官 羅羅斯宣慰使，兼管軍萬户。
唆南班 羅羅斯副都元帥，同知宣慰司事。

脫烈海牙，亦畏吾氏。

闊華八撒朮	
八剌朮	
闊里赤	
脫烈海牙 淮東宣慰使，追封恒山郡公。	觀音奴

塔塔統阿，亦畏吾氏。

塔塔統阿 追封雁門郡公。			
玉笏迷失	力渾迷失	速羅海	篤綿 封雁門郡公。
			阿必實哈 陝西行省平章政事。

鐵哥朮，亦畏吾氏。

達釋		
野里朮		
鐵哥朮 婺州路達魯花赤，追封雲國公，諡簡肅。		
義堅亞禮 湖州路達魯花赤。	月連朮 安陸府同知。	八札 同知宣政院事。
海壽 杭州路達魯花赤，追封范陽郡侯，諡惠敏。		

月魯哥，亦畏吾氏。

達即拿 追封涼國公，謚康武。			
脱因 追封涼國公，謚安僖。			
月魯哥 大宗正府也可札魯花赤，追封高昌王，謚莊肅。			
買閭 治書侍御史，大承華普慶寺都總管。			
定住 達里麻 吃剌失思	朶兒只	忽都帖木兒	也先帖木兒

阿台脱因，亦畏吾氏。

和禮納 贈中書平章政事，追封昌國公。	
阿台脱因 河南行省平章政事，秦國公。	
買住 江西行省平章政事。	
㮚雅實立 吴江州達魯花赤。	相哥實立 廣東廉訪僉事。

普達實立 江西行省左右司郎中。	阿蘭納實立 岳州路平江州達魯花赤。
五十四	
觀音奴	

孛羅帖木兒，高昌人。

孛羅帖木兒 襄陽路達魯花赤。
馬哈失力 孛羅帖木兒從子。

昔里哈剌，亦畏吾氏。

昔里哈剌 湖廣行省平章政事，追封秦國公，謚襄靖。
和尚 鐵冶都提舉。 咬住
久住 臨江贛州兩路治中。 法華奴
五十四

		寶月					
		寶晉 右四人皆昔里哈剌孫。					
			寶賢 右二人皆昔里哈剌曾孫。				

文書奴，亦畏吾氏。

文書奴 翰林直學士，提舉湖廣學校官。	護林 漢陽府達魯花赤。						
	野先 國子司業范陽郡侯。	赫赫 湖廣行省郎中。	保堅				

忙兀的斤，亦畏吾氏。

朵羅朮	忙兀的斤 中尚院使，追封薊國公，謚忠簡。	明里 瀘州達魯花赤。	脫禾 湖南道宣慰使。	班迪 昭孝營繕司大使。			
		八札不花 安豐路達魯花赤。					
		禿忽赤 裕州達魯花赤。					
		德奴 光州達魯花赤。					
		塔納 監察御史。					
		脫烈不花					
		太平					
		曲林不花					
		脫不花					
		亦迪不花					

		七山				
			脱脱 宿州同知。			
			忽脱			
			忽都不花			
			朵里不花			
			不兒罕忽里			
			萬僧奴			
			和尚			
			給只哥			
			燕帖木兒			
			德僧			
			縛住馬			
			伴伴			
			忙哥帖木兒 右十四人皆忙兀的斤孫。			

禾上	興哥	山僧	海僧	觀音奴	福僧 右七人皆忙兀的斤曾孫。

普顏，亦畏兀氏。

撒里阿塔 贈恒山郡公，謚孝懿。		
普顏脱忽憐 謚静忠。		
愛全 追封趙國公，謚文静。		
宗統怯得 都魯迷失。	小雲石 昌國州達魯花赤。	普顏 淮西江北道肅政廉訪使。
		黄頭 同知諸暨州事。

	忽都魯篤爾彌失 奎章閣大學士，趙國公，謚文穆。
神保 僉浙東海右道肅政廉訪使事。	

拜降，亦畏吾氏。

忽都 追封漁陽郡侯。
拜降 工部尚書，資國院使，謚貞惠。

唐兀氏，故西夏國，太祖平其地，稱其部衆曰唐兀氏，仕宦次蒙古一等。其俗以舊羌爲蕃，河西陷没，入爲漢河西。然仕宦者皆舍舊氏而稱唐兀云。元昊出拓跋部落，唐末始賜姓李，宋初又賜姓趙。國亡，仍稱李，居賀蘭於彌部，又號於彌氏，或稱烏密氏，亦稱吾密氏。

太祖經略河西，有守兀納剌城者，夏宗室之子也，城陷，不屈死，子惟忠。

李惟忠 益都淄萊軍民都達魯花赤，追封滕國公，謚忠襄。					
李恒 中書左丞。行省荊南，追封滕國公，謚武愍。					
散木解 一名世安。江西行省平章政事。				囊家真 一名世雄。益都淄萊萬户。	遜都台 一名世顯。同知湖南宣慰司事。
屺 一名薛徹。翰林直學士。 嶼 一名薛徹禿。懷遠大將軍襲萬户。	巖 棲霞縣達魯花赤。	峙	嶸 江西行省理問。	繁	
保 順					

又有李楨者，亦西夏國族。

烏密之族，又有察罕。

曲也怯律		
曲也怯祖 太祖時爲皇子察合台札魯忽赤。		察罕 馬步軍都元帥，領尚書省事，追封河南王，謚武宣，賜姓蒙古氏。
阿波古		木花里 蒙古軍萬户，追封梁國公〔五〕，謚武毅。
亦立撒合 陝西行省平章政事。 立智理威 湖廣行省左丞，追封秦國公，謚忠惠。	答哈兀 陝西行臺監察御史。	
買訥 翰林學士承旨。 韓嘉訥 御史大夫。		
答里麻 内府宰相，立智理威孫。		

卜顏帖木兒，亦烏密氏。

阿木	
卜顏帖木兒 江浙行省平章政事阿朮兄子。	

暗伯，唐兀世族。

僧吉陀 太祖時秃魯哈必闍赤。	
秃兒赤 文州禮店元帥府達魯花赤。	
暗伯 知樞密院事，追封甯夏郡公，謚忠遂。	
阿乞剌 知樞密院事。 亦憐真班 湖廣行省左丞。	
答里麻 普達失里 翰林學士承旨。	桑哥八剌 同知稱海宣慰司事。

哈藍朵兒只 宣政院使。	桑哥答思 嶺北行省平章政事。	沙嘉室理 嶺北行省參知政事。	易納室理 大宗正府也可札魯忽赤。	馬的室里 僉書樞密院事。	馬剌失里 內八府宰相。

昔里氏，唐兀世族，以別於國姓，稱小李〔六〕，訛爲「昔李」。本沙陀族，徙居酒泉郡之沙州答加沙，仕其國爲必吉，華言宰相也。

答加沙 贈太傅，追封魏國公，謚康懿。			
昔里鈐部 一名益立山。也可札魯火赤，大名路達魯花赤，追封魏國公，謚貞獻。			
愛魯 襲大名達魯花赤，雲南行省右丞，追封魏國公，謚忠節。	羅合 大名路行軍千户。	小鈐部 大名路達魯花赤。	
教化 中書平章政事，太尉，魏國公。 也先帖木兒 骨都歹			萬奴 侍從官昔里鈐部孫。

野蒲氏，亦作也蒲氏，世爲西夏將。

也蒲甘卜
昂吉兒 江浙行省平章。
昂阿禿 廬州蒙古漢軍萬户府達魯花赤。

		暗普 唐兀秃魯花千户，海南海北道廉訪使。	教化的 世襲千户，昂吉兒孫。	

朵羅台，亦唐兀氏。

小丑 太祖賜名怯延亢蘭，爲怯憐口行營弓匠百户。	塔兒忽台 襲父職。	朵羅台 芍陂屯田千户所達魯花赤。	脱歡 四川廉訪僉事，樞密院斷事官。	
		闊闊出 監察御史，大甯路總管。		

星吉，亦唐兀氏。

朵吉 怯烈馬赤，追封秦國公，改封雍王。	搠思吉朵兒只 怯烈馬赤，追封代國公，改封涼王。	搠思吉 怯烈馬赤，追封趙國公，改封邠甯王。	星吉 江西行省平章政事，贈江西行省丞相，追封威甯王，謚忠肅。	剌哈咱識理 利用監太卿。
				答兒麻八拉 僉遼陽行樞密院事。

達爾麻識理改名吉昌仕明。	寶山 寶座

拜延，亦河西人。

火奪都
拜延蒙古漢軍管軍萬户。
答察兒興化金州萬户府達路花赤。

來氏，亦河西之族，居寧夏。

朮速忽里			
來阿八赤湖廣行省右丞。			
寄僧雷州路總管。			
完者不花潮州路同知。	禿滿不花	也先不花	太不花

高氏，河西世族。

高逸 仕夏爲大都督府尹。		
良惠 仕夏爲右丞相，追封甯國公，謚康靖。		
智耀 翰林學士，中興等路提刑按察使，追封甯國公，謚文忠。		
長壽 僉行樞密院事。	睿 江南行臺御史中丞，追封甯國公，謚貞簡。	
	納麟 太尉，江南行臺御史大夫。	
	安安 行樞密院判。	瑱 樞密院經歷。
		玉林 行臺御史，廣東廉訪僉事。

楊氏，世居甯夏，亦唐兀世族。

失剌 追封夏國公，謚忠定。
失剌唐吾台 給事裕宗潛邸，追封夏國公，謚忠定。
教化 江西湖北道廉訪使，追封夏國公，謚襄敏。
行飭 江南行臺監察御史。

朵兒只 御史中丞，集賢大學士，贈司徒，追封夏國公，謚襄愍。	
不花 河東山西道廉訪僉事。	文殊奴 監察御史。

斡氏。唐兀貴族有斡道沖者，爲夏宰相。朵兒赤，其曾孫也。

斡札簀 中興路副管民官。
朵兒赤 雲南廉訪使。
仁通 雲南行省理問。
斡玉倫徒 工部侍郎。

劉氏，世居張掖。

完澤 監察御史，陝西道廉訪副使，追封彭城郡侯。		
沙剌班 江西道廉訪使。	觀音奴 刑部郎。	鎖住

忙哥帖木兒 蒙古翰林院應奉。

余闕，唐兀氏，本武威人，居廬州路録事司。

銑節		
銑節 按此兩世同名，據《進士録》。		
沙剌藏卜 録作「眉耳爲」。		
余闌 沙剌八 洪保	余闕 元統元年右榜進士第二人，淮南行省右丞，追封豳國公，謚忠宣。	福壽
	德生	

丑閭，亦唐兀氏。

伯顏察兒
丑閭　元統元年進士，授崇福司管勾，歷知安陸府，贈河南行省參知政事。

璉赤，亦唐兀氏，後居濮州鄄城縣。

璉赤　山東宣慰司副都元帥。		
阿榮　汀州總管〔七〕，同知邵武路事，德慶府總管。		
黃頭　一名世雄，平江路達魯花赤。		
哈剌　兗州路同知。 脫脫木兒　東平等處民户總管。	元童　長州縣達魯花赤。	別帖木兒

			保童 崇仁縣達魯花赤。				
			乃蠻歹				
			和尚				
			安童				
			趙安				
		山住					
		朵羅歹 京畿廣衛倉使黄頭從弟。					

重福，亦唐兀氏。

重福 廣西廉訪使。	溥華 江西鄉貢進士。						

哈石霸都兒，亦唐兀著族。

哈石 太祖賜名霸都。	述哥察兒 濬州達魯花赤。	哈剌哈孫 同知江州路事，漢陽府知府。	脫因沺 江西行省宣使。				
			納嘉德 安化縣達魯花赤。				
			教化 鄉貢進士。				

王氏，亦稱唐兀氏。元初有從右丞昂吉下江淮者，以功授領兵千户，鎮廬州，子孫因家焉。其孫曰也先不華。

也先不華 襲千户。	那木罕 一名翰，襲千户，改廬州路治中，終潮州路總管。						

也兒吉尼，唐兀氏。

也兒吉尼 廣西行省平章政事。	不花帖木兒						

福壽，唐兀氏。

福壽 江南行臺御史大夫，追封衛國公，謚忠肅。

康里氏，亦曰康鄰。古高車之後，赤狄種也，以部落爲氏。

虎里思			
怯失里			
曲律	牙牙 封康國王，進封雲中王。		
	孛別舍兒	和者吉 追封榮王，謚忠武。	
		燕不憐 遼陽行省平章政事，太保，興國公，追封興甯王，謚忠襄。	燕八思提 大司農。

		不別 遙授甘肅行省右丞。	斡禿蠻	阿沙不花 中書平章政事，太尉，右丞相，追封順寧王，謚忠烈。	脫脫 中書左丞相，追封和寧王，謚忠獻。
別不花 嶺北行省平章政事。	伯撒里 中書右丞相，永平王。			海亦兒 順寧府達魯花赤。 伯嘉訥 翰林侍讀學士，中政院使。	霸都 仁虞都總管府達魯花赤。
				託和直 阿沙不花孫。	

鐵木兒達識 中書平章政事，進左丞相，追封冀甯王，謚文忠。		玉樞虎兒吐華 四川行省平章政事。	達識帖睦邇 江浙行省左丞相。	哈答不花	阿魯輝帖木兒	脫烈 太府太監。
拔都兒 襲領昔寶赤。	天保奴		瓦咱剌失里			長壽安
禿魯 仁虞都總管府達魯花赤。 完者帖木兒 海口屯儲侍衛親軍都指揮使。						

哈達帖木兒 大都副留守。	汪家閭 同僉資政院事。
萬奴	博羅帖木兒

海藍伯，世爲康里部大人。

海藍伯 追封河東郡公。			
燕真 追封晉國公，謚忠獻。			
不忽木 昭文館大學士，平章軍國事，進封東平王。			
回回 陝西行省平章政事。			
祐童 濟甯路總管。 孛欒台	帖木列思 江南行臺治書侍御史。	孛羅 河間路獻州達魯花赤。	脱脱木兒
完者不花			
也先帖木兒 回回曾孫。			

			野里審班
		巙巙 翰林學士承旨，謚文忠。	拜住 太子司經海藍伯之裔。
		維山 崇文太監。	
太禧奴 至正甲午進士，太常禮儀院太祝。	福壽 右三人皆回回孫。		

禿忽魯，亦康里氏。

亦納
亞禮達石
禿忽魯 江浙行省右丞，樞密副使，追封趙國公，謚文肅。
山僧 晉甯路總管。

斡羅思，亦康里氏

哈失伯要 莊聖太后牧官。	海都	明里帖木兒 太府少卿，封益國公。	斡羅思 四川行省平章政事，封益國公。	慶童 中書左丞相。 博羅普化 隆禧總管府副達魯花赤。			

艾兒拔都，亦康里氏。

艾兒拔都 怯憐口阿答赤孛可孫。	也速答兒 欽察親軍都指揮使，追封威武郡公，謚顯敏。						

也速解兒，亦康里氏。

愛伯伯牙兀	也速解兒 管軍萬户欽察親軍指揮使。	教化的					

		黑斯 襲父職。					
		黑的 牧馬同。					
		延壽 襲兄職。					
		拜顏 領哈剌赤。 完澤帖木兒 廣德路萬户府達魯花赤。 哈剌章					

塔里赤，亦康里氏。

也里里白 帳前總校。	塔里赤 福建浙東道宣慰使，追封臨安郡公。	脱脱木兒 邵武汀州新軍萬户府達魯花赤。					
		萬奴 廣西宣慰使，都元帥。					

明安，亦康里氏。

明安 貴赤親軍都指揮使司達魯花赤。			脱迭出 貴赤親軍都指揮使司達魯花赤。
帖哥台 中衛親軍都指揮使，進平章政事。		孛蘭奚 中衛親軍都指揮使，進太尉。	
普顏忽里 貴赤親軍都指揮使司達魯花赤。	善住 僉中衛親軍都指揮使司事。	桑兀孫 中衛親軍都指揮使。	乞答海 中衛親軍都指揮使。

哈麻，亦康里氏。

秃魯 太尉，封冀國公。
哈麻 中書左丞相。

	雪雪 御史大夫。

定住，亦康里氏。

定住 中書右丞相。

乃蠻氏，亦稱乃馬氏，亦稱耐滿氏。其先太陽罕爲乃蠻部主，太祖滅之。其國族稱答祿氏，亦稱達魯，又稱答魯。又稱朵魯伯䚟氏。

曲書律		
敞温		
抄思 太宗時授萬户，鎮隨州，移潁州。		
教化的	別的因 池州路台州路達魯花赤〔八〕。	
拜的迷失	不花 僉嶺南廣西道廉訪司事〔九〕。	囊加䚟 一名文圭，贈秘書監。

燕真不花	延壽　湯陰縣達魯花赤。	掇落解						
			阿馬秃　彰德等路長官司達魯花赤〔一〇〕。	脱脱　興涪縣達魯花赤。	豬狗		孛蘭奚　宣城縣達魯花赤。	守恭　天曆三年進士，曹州判官。
					脱因　襄陽縣主簿。	火你赤		

守禮 泰定四年進士，武州達魯花赤。	完哲 淮東宣慰司奏差，皆别的因孫。
與權 至正二年進士，别的因曾孫。	

答禄之族有帖木哥。

帖木哥 行臺御史大夫。
普化帖木兒 行臺御史大夫。

囊加歹，乃蠻世族。

不蘭伯
合折兒 一作「哈直兒」，追封梁國公，謚莊襄。
麻察 總管蒙古漢軍，追封梁國公，謚桓武。
囊加歹 同知樞密院事，河南行省平章政事，追封浚都王，謚忠武。
教化 山東河北蒙古軍副都萬户。

執禮和台 河南行省平章政事。	脱孫堅 山東河北軍大都督。

鐵連，亦乃蠻氏。

伯不花 宗王拔都王傅。
鐵連 絳州達魯花赤。
答剌帶 同知大同路總管府事。

和尚，亦乃蠻氏。

海速 昔列木千户所蒙古軍百户。
兀魯不花 後衛親軍百户。 怯烈吉 襲百户。
和尚 後衛親軍副千户。

月里麻思，亦乃蠻氏。

月里麻思	忽都哈思 答剌罕，上均州監戰萬户。						

也先不花，亦乃蠻氏。

也先不花 臨江萬户府上千户所達魯花赤。	買奴 江西湖東道廉訪僉事。	伯顔 襲祖職。					

末赤，亦乃蠻氏。

昔不察	末赤 濟南冠州新軍萬户府千户達魯花赤。	寨臘 馬僧	耐滿特 明安達 襲祖職。				
		和尚 襲父職。					
		蒙斡特					

		丑驢					
			拓因				
			掇烈孛特				
			闘奴				
			完摭都				
			孛羅				
			藹葉尺				
			寶童				
			壽童 右八人皆末赤孫。				

察罕帖木兒，亦乃蠻氏，家於汝甯，改李氏。舊史《察罕帖木兒傳》云「系出北庭」，誤也，《歸暘乃蠻公功德碑》可證。

闊闊台	乃蠻台	阿魯温 封汝陽王，進封梁王。	察罕帖木兒 中書平章政事，知河南山東行樞密院	擴廓帖木兒 太傅，中書左丞相，河南王。本姓王，養以			

事，追封潁川王，謚忠襄。	
爲子。	脱因帖木兒 陝西平章政事。

雍古氏本回鶻之別部，歸於太祖。部人有黜公者，仕金爲羣牧使〔一一〕，子按竺邇幼鞠於外大父朮要甲家，聲譌爲趙家，子孫因以趙爲氏。

黜公 金羣牧使，追封雲中郡公，謚貞毅。	
按竺邇 蒙古漢軍征行元帥，追封秦國公，謚武宣，一作忠宣。	
徹里 襲父職爲元帥。	國寶 一名黑子，蒙古漢軍元帥，兼文州吐蕃萬户府達魯花赤，追封梁國公，謚忠定，一作忠憲。
步魯合答 管軍千户雲南萬户府達魯花赤。	趙世榮 一名那懷，襲蒙古漢軍元帥，進吐蕃宣慰使，議事都元帥。
忙古不花 襲管軍千户。	

			趙世延 中書平章政事，魯國公，謚文忠。	野峻台 四川行省參知政事，追封涼國公，謚忠壯。			
				月魯 江浙行省理問官。			
				伯忽 夔州路總管，追封蜀國公，謚忠愍。			
		國安 一名帖木兒，襲蒙古漢軍元帥，改隨州拔都萬户。					

雍古有馬氏，先世居淨州之天山，錫禮吉思仕金爲鳳翔兵馬判官，死節。官名有馬，因以立氏。

帖穆爾越哥						
把造馬野禮屬						
錫禮吉思 一名慶祥，金鳳翔兵馬判官。						
月乃合 一作月忽乃，封梁郡侯，謚忠懿。						
	世昌 行尚書省左右司郎中，追封梁郡侯。					
	潤 彰州路同知，追封梁郡公。					
	祖常 御史中丞，追封魏郡公，謚文貞。		祖義 郊祀法物庫使。	祖烈 江浙行省宣使。	祖孝 陳州判官。	祖信 保德州同知。
	武子 湖廣行省檢校官。	文子 秘書監著作郎。		惠子 濠州鐘離尉。		

						祖謙 昭功萬户都總使府知事。	
							獻子
				世顯 通州知事。			懿子 右二人皆潤孫。
				世榮			
				世靖			
				世禄 中山府織染提舉。			
				世吉 絳州判官。			
				審温 台州、淮安、瑞州三路總管。			
					節 入王屋山爲道士。	天合 監杭州鹽倉。	

禮 下砂鹽司丞。	淵	開 監在京倉。	遺	道	遵	通	迪	保六賜 提舉都城所。	岳難 蘭州路達魯花赤。	雅古 必吉男 興國路同知。

祝饒 監富池茶場。右十三人皆月乃合孫。〔一二〕			
	易朔 南臺察院書吏。	祖元 信州路教授。	鹵合 知行唐縣。右四人皆月乃合曾孫。〔一三〕

欽察氏，亦作奇卜察兒。其先曲出，自武平折連川徙居西北玉里伯里山，一作「玉耳別里」。因所居伯牙吾山一作「白野」。爲氏，號其國曰欽察。曲出生唆末納，唆末納生亦納思，世爲欽察部主。太祖討欽察，亦納思之子忽魯速蠻遣使來歸。

忽魯速蠻 追封句容郡
班都察 追封句容郡
土土哈 同知樞密院
塔察兒 北庭元帥。

王，謚剛毅。			
王，謚忠定，進封溧陽王。			
事，欽察親軍都指揮使，進封昇王，謚武毅。			
	太不花 御位下博兒赤。	牀兀兒 知樞密院事，欽察親軍都指揮，追封句容國公〔一四〕，進封揚王〔一五〕。	
		小雲失不花 欽察親軍千户。 燕赤不花 太司農卿。 燕帖木兒 中書右丞相，答剌罕，封太平王，追封德王，謚忠武。	
		唐其勢 中書左丞相。 塔剌海	
			馬馬沙 欽察親軍指揮使，唐其勢從子。

				別里不花 欽察親軍千户。	帖木兒不花 建康廬饒東路蒙古元帥，封武平郡王。	
撒敦 中書左丞相，封榮王。	燕秃哈兒 闌遺少監。	答里 一作「答隣答里」，太禧宗禋院使，襲句容郡王。	潑皮罕		禿魯 和上	亦憐真

歡差 欽察親軍千户。	岳里帖木兒 僉武衛親軍都指揮使司事。	斷古魯班 欽察親軍都指揮使。
阿魯忽禿 治書侍御史。		

忽都思，伯牙吾氏。

哈剌察兒
忽都思 賜號拔都魯，管軍千户，追封沇國公，謚武愍。
和尚 江南浙西道提刑按察使，追封沇國公，謚莊肅。
千奴 平章政事，商議樞密院事，追封衛國公，謚景憲。
龍寶 監察御史。

				壽童 洪澤屯萬户。			
				不蘭奚 江南行臺御史。			
				觀音保 襲洪澤屯萬户。			
				孛顏忽都 進士，翰林國史院經歷。			

伯牙吾氏又有泰不花。一作「達普化」。

塔不台 台州録事判官。	泰不花 江浙行省參知政事，追封魏國公，謚忠介。						

完者都，欽察氏，内徙居彰德。

哈剌火者						
完者都 江浙行省平章政事，追封林國公，謚武宣。						
帖木禿古思 高郵上萬户府達魯花赤。	別里怯都 江浙行省右丞。	插都 無錫州達魯花赤。	不花	別里 長興州達魯花赤。	徹里帖木兒 高郵打捕屯田提舉司達魯花赤。	伯不花
喜僧 襲高郵上萬户府達魯花赤。						

		幢合兒					
		出不昆					
		八剌					
		黑黑					
		潮潮					
		佛保					
		和尚					

昔都兒，亦欽察氏。

秃孫 百户。	昔都兒 砲手軍匠萬户府達魯花赤。	也先帖木兒 襲父職。					

苦徹拔都兒，亦欽察氏。

苦徹拔都兒 滁州路達魯花赤。	脱歡 鎮守無爲，滁州萬户府達魯花赤。	麻兀 滁州路達魯花赤。					

		鎖住 滁州萬户府達魯花赤。					

欽察人見於史傳者，有伯帖木兒。東路蒙古軍上萬户府上萬户。又《秘書志》有買買，字子昭，至正十七年由中政院同知遷秘書卿。稱伯要氏，當即伯牙吾氏也。伯牙吾，亦作「伯岳吾」。成宗后，伯岳吾氏駙馬脱里思之女。

阿速氏，本西北部落，太祖時其國王杭忽思一作「昂和思」。來歸，賜金符，爲其部萬户。

杭忽思 阿速部萬户。	阿答赤 千户。	伯答兒 襲千户，授後衛親軍都指揮使。	斡羅思 隆鎮衛都指揮使。	都丹 右阿速衛都指揮使。			
	按法普			福定 知樞密院事。			

阿兒思蘭，亦阿速氏。

阿兒思蘭	阿散真						

	捏古來	忽兒都答 管軍百户。	忽都帖木兒 左衛阿速親軍副都指揮使。				

玉哇失，亦阿速氏。

也烈拔都兒 阿速軍千户。	也速歹兒						
	玉哇失 阿速軍千户，前衛親軍都指揮使。	亦乞里歹 襲千户。	拜住 襲千户。				

口兒吉，亦阿速氏。

福得	口兒吉 左衛阿速親軍都指揮使。	的迷的兒 阿速親軍都指揮使。	香山				

拔都兒，亦阿速氏。

兀作兒不罕		
馬塔兒沙		
拔都兒 後衛親軍副都指揮使。	別吉連	也連的

失剌拔都兒，亦阿速氏。

月魯達某 充阿塔赤。	失剌拔都兒 尚乘寺少卿兼阿速千户。	那海産 右衛阿速親軍都指揮使。

徹里，亦阿速氏。

別吉八	徹里 左阿速衛僉事。	失列門 左衛阿速親軍都指揮使司僉事。

又捏捏古剌者，亦阿速氏。

捏古剌 憲宗朝，與也里牙阿速三十人來歸。	阿答赤 左阿速衛千户。	教化 章佩卿。	者燕不花 兵部尚書，大司農丞。				

迦葉彌兒氏，本西域築乾國，或作「乞失迷兒」，又作「乞石彌」，皆聲之轉。其族有伽乃氏，鐵哥最知名。

斡脱赤 領迦葉彌兒萬户，追封代國公，謚忠遂。	鐵哥 中書平章政事，追封延安王，謚忠獻。	忽察 淮東宣慰使。	伯顏 中書平章政事，鐵哥孫。				
		平安奴 太平路達魯花赤。					
		也識哥 同知山東宣慰使事。					
		虎里台 同知真定路總管府事。					

			那摩 習浮屠法，授國師，統天下釋教。
亦可麻 一作「益馬」，同知都護府事。	重喜 隆禧院副使。		
		伯顏察兒 字文卿，秘書省著作郎，亦鐵哥孫，見《秘書志》。	

賽夷氏，即賽易氏。賽夷，西域部之族長也，因以爲氏。

札八兒火者 都達魯花赤，追封涼國公，謚武定。
阿里罕 天下質子兵馬都元帥。
哈只 湖南宣慰使，追封涼國公，謚安惠。
養安 陝西行省平章政事。
阿葩實 太僕寺卿。 阿思蘭 太府監丞。

	明里察 追封涼國公，謚康懿。	亦不剌金 户部尚書。		補孛 太僕寺丞。			
		哈剌 陝西行省參知政事。					

土波思，烏思臧掇族氏，其先世臣附於宋，賜姓趙氏，世居臨洮。

巴命	阿哥潘 金熙河節度使，元壘州安撫使。	阿哥潘 臨洮府元帥，謚桓勇。	重喜 臨洮府達魯花赤，鞏昌二十四處宣慰使，謚桓襄。	官臬斯結 襲臨洮府達魯花赤。	德壽 雲南行省左丞。		

土蕃薩斯迦，有帝師八思巴，爲族穎氏。

朶栗赤		八思巴 國師。					
		亦憐真 襲國師。					

土蕃突甘斯旦麻人，有瞻巴國師。突甘斯，即朵甘思。

西域感木魯人，有必蘭納識里國師。感木魯，即甘木魯。陶宗儀所稱色目三十一種之一。

回回者，本宗教之名，其徒因以爲氏。其別曰答失蠻、曰迭里威失、曰木速魯蠻、曰木忽。

回回貴族曰賽典赤，其先別庵伯爾行教國中，稱爲聖人。子孫仕宦顯者，或稱賽典赤而不名。

苦魯馬丁 號賽典赤。		
贍思丁 號賽典赤，雲南行省平章政事，追封咸陽王，謚忠惠。		
納速剌丁 號賽典赤，雲南陝西行省平章政事，追封延安王，謚宣靖。		
伯顏 號賽典赤，中書平章政事。	烏馬兒 江浙行省平章政事。	剳法兒 荊湖宣慰使。
	也列失 孟州達魯花赤。	

哈散 廣東道宣慰使，都元帥。				
	伯顏察兒 中書平章政事，贈太師，中書左丞相，追封奉元王，謚忠憲，一作忠宣。	阿容 太常禮儀院使。	沙的 雲南行省左丞。	忽先 雲南行省平章政事。

忽辛 江西行省平章政事，追封雍國公，謚忠簡。	苫速丁 元默里建昌路總管。	馬速忽 雲南行省平章政事。
伯杭 中慶路達魯花赤〔一六〕。 曲列 湖南道宣慰使。		

烏巴都剌，亦回回人。

木沙剌福丁
札剌魯丁 北京路木忽里兀察必，追封吉國公，謚明襄。
亦福的哈魯丁 翰林學士承旨，追封吉國公，謚忠簡。
烏巴都剌 中書參知政事。

倒剌沙，亦回回人。

1	2	3	4	5	6	7	8
馬某沙 湖南行省左丞。							
倒剌沙 中書左丞相。	潑皮						
	木八剌沙						

阿合馬，亦回回人。

1	2	3	4	5	6	7	8
阿合馬 中書平章政事。	忽辛 大都路總管，行中書省左丞。						
	抹速忽 杭州路達魯花赤。						
	阿散						
	忻都						

	別都魯丁 河南宣慰使，行省參知政事。						
	苫思丁						
	宰奴丁 右三人皆阿合馬之姪，不詳其父名。						

奕赫抵雅爾丁，亦回回氏。

亦速馬因 大都南北兩城兵馬都指揮使。	奕赫抵雅爾丁 參議中書省事。						

愛薛，亦回回人。

不阿里	不魯麻失	愛薛 翰林學士承旨，平章政事，	也里牙 崇福使，秦國公。	寶哥			

封秦國公，追封拂林王，謚忠獻。							
	腆合 一作「典合」，翰林學士承旨。	黑厮 光禄卿。	闊里吉思 同知泉府院事。	魯合 廣惠司提舉。	咬難		
						宣哥	安童 右三人皆愛薛孫。

贍思丁，一作「苦思丁」。亦回回人。

贍思丁 集賢大學士，大司徒，提調回回司天臺事。	布八 元統二年代父爲秘書。						

阿老瓦丁，亦回回氏，西域木發里人。

阿老瓦丁 回回砲手軍匠上萬户府副萬户。	富謀只 襲副萬户。	馬哈沙 襲副萬户。					

亦思馬因，亦回回氏，西域旭烈人。

亦思馬因 回回砲手總管。	布伯 回回砲手元帥，軍匠萬户府萬户，刑部尚書，淮東宣慰使。	哈散 高郵府同知。					

	亦不剌金 軍匠萬户。	亞古 襲父職。					

剌馬丹，于闐氏，亦回回人。

斡兒別亦 思八撒剌	迷兒阿里 大名宣課提領。	剌馬丹 字勘馬剌丁，以字行，始以于闐爲氏。廣海鹽課司提舉。	沙不剌丁 哈八赤 僉浙西道察司事。				

雅老瓦實，于闐人。于闐，一名斡端。

雅老瓦實 燕京大斷事官。	阿里伯 一作「阿里別」，江淮行省平章政事，謚忠節。						

馬合麻，亦于闐人，姓不花剌氏。

馬合麻 洪城屯衛百户。	撒的迷失 贈咸陽郡公〔一七〕	阿合麻 贈咸陽郡公。	買述丁 中政院使海道萬户府達魯花赤。				
			閭閭 集賢院經歷。				
	哈散 襲百户。						
	烏馬兒						

哈八石，回回于闐人，世居大都宛平縣，以丁爲氏，子孫或居杭州路。

迷兒阿里 宣課提領。	勘馬剌丁 封奉訓大夫、漁陽縣男。	哈八石 延祐二年進士，廉訪僉事。	慕咼 元統元年進士，授天臨路同知湘陰州事。				

烏馬兒，回回阿里馬里人，居大名路。

阿散 達魯花赤。	木八兒沙 忠翊校尉。	阿思蘭沙	烏馬兒 元統元年進				

			士，授國史院編修官。				

阿都剌，回回昔馬里人，居中興路録事司。

答木丁 嘉議大夫。	阿里 奉訓大夫。	洒不丁 務大使。	阿都剌 元統元年進士，授湖廣省照磨。				

穆古必立，回回氏。

沙的	忻都 奉議大夫。	揑古伯 登仕郎。	穆古必立 字永叔，一作永初。元統元年進士，授秘書郎。				

剌馬丹，回回氏。初居冀甯路，後居紹興路新昌縣。

伯八剌黑	馬合謀 亦思八撒剌兒監榷官。	哈黑丁 新昌主簿。	剌馬丹 元統元年進士，授温州路				

録事司達魯花赤。	

獲獨步丁，回回氏。兄弟三人皆死節。

穆魯丁	海魯丁	獲獨步丁
官建康。	官信州。	進士，廣東廉訪僉事。

也黑迭兒，大食國人。

世次	
一	也黑迭兒 茶迭兒局諸色人匠總管府達魯花赤，追封趙國公，謚忠敏。
二	馬合馬沙 遥授工部尚書，領茶迭兒局諸色人匠總管府達魯花赤，追封趙國公，謚忠靖。
三	烏馬兒 揚州織染局提舉。 木八剌沙 工部尚書。

		忽都魯沙 户部尚書。					
		阿魯渾沙	蔑里沙 荼迭兒總管府達魯花赤。				

贍思，亦大食國人，内附後居豐州，又徙真定。

魯坤 真定、濟南等路監榷課税使。	斡直	贍思 江東廉訪副使，追封恒山郡侯，謚文孝。					

阿剌瓦而思者，回回八瓦耳氏。

阿剌瓦而思	阿剌瓦丁	贍思丁	烏馬兒 陳州達魯花赤。				
			不別 隆鎮衛都指揮使。	斡都蠻 襲隆鎮衛都指揮使，僉樞密院事。			

忻都 監察御史。	阿合馬 拱衛直司都指揮使。	阿散

耶爾脱忽璘者，回回古速魯氏。

耶爾脱忽璘 太祖時雅剌瓦赤。				
雍吉脱忽璘				
脱烈 御位下怯里馬赤功德使。				
達里麻吉而的 福建宣慰使，都元帥。				
丑閭 泗州達魯花赤。	觀驢 杭州路達魯花赤。	普壽 盱眙縣丞。		
介壽		景初	善惠	六十八

六合	斗奴 右六人皆達里麻吉而的孫。

曲樞，一作「曲出」。史稱西土人，不言其國族。

達不台	
阿達台 追封祈連王。	
質理花台 追封祈連王。	
曲樞 太保，録軍國重事，集賢大學士，封應國公，追封廣陽王，謚忠惠。	
伯都 中書參知政事，進右丞。	伯帖木兒 翰林學士承旨，追封文安王，謚忠憲。
	桓澤都 又作「完者都」，祕書卿。 鑾子

別羅沙，西域別失八里人，居龍興路録事司，其母回回氏，妻答失鑾氏，亦回回也。

木八剌 管領納失失户計。	
別魯沙 管領織匠户計。	
苦思丁 兵部尚書。	
默理契沙 泰定元年進士。	別羅沙 字彦誠，元統元年進士，授吉安路同知□州事。

也里可温氏，亦回回人。

失列門 祕書監。
馬世德 淮南廉訪僉事。

木速蠻氏，回回之一種也。

節歇兒的 祕書少監。

木八剌吉，亦木速蠻氏。

木八剌吉 秘書卿。							

木速魯蠻氏，即木速蠻氏，有脱穎者，居南康路。

速哥〔一八〕 路達魯花赤。	囊家台 治中。	教化的	脱穎 元統元年進士，授撫州路臨川縣丞。				

伯德那，居板紇城，亦回回族也。其子察罕，仁宗賜姓白氏。

伯德那 河東民賦副總管，贈宣慰使，追封芮國公。	察罕 中書平章政事。	外家奴 武岡路總管。 李家奴	闊闊不花				
		忽都篤 高郵府判官。					

	博羅	博羅察兒 百户。	博蘭台 湖廣行省宣使。	博除 太倉令。	只兒瓦台 寶慶路達魯花赤。	朵羅台 以孝行旌門。	乃蠻台 邵陽縣達魯花赤。
哈散 皆察罕孫。							

曷思麥里，居谷則斡兒朵，回回族也。

曷思麥里 懷孟河南二十八處都達魯花赤〔一九〕。	
捏只必 襲懷孟達魯花赤。	
	密里吉 襲必闍赤懷孟達魯花赤。

塔本，居伊吾廬，回回族也。

宋五設託陀 託陀者，其國王賜號，漢言國老也。
塔本 興平行省都元帥，追封營國公，謚忠武。
阿里乞失 帖木兒 興平行省都元帥，追封營國公，謚武襄。
阿台 平灤路達魯花赤，追封永平郡公，謚忠亮。
迭里威失 遼陽行省參知政事。
鎖咬兒哈 的迷失 監察御史，追封永平郡公，謚貞愍。

哈剌魯氏，亦稱罕祿魯氏。本西域部落。太祖西征，其國主阿兒斯蘭來降，封爲郡王，統其部衆。其裔孫帖木迭兒，惠宗之外王父也。

也列里朮兀	
帖木迭兒 追封威甯王。	
怯烈該 集賢大學士，兼內史，封豐國公。	老的沙 平章政事，封雍王。

答失蠻，亦哈剌魯氏。

馬馬 追封中山郡公。	
阿里 追封中山郡公。	
哈只 寶兒赤，追封定國公。	
答失蠻 中書參知政事，宣徽使，追封定國公，謚忠亮。	
買奴 翰林學士承旨。 忻都 上都留守。	怯來 同知宣徽院事。
亦老答而 闌遺少監。 不蘭奚 哈八失 同知河東都轉運鹽使司事。	黑驢

					王家驢		
					木八剌		

匣剌魯氏，即哈剌魯氏。匣答兒密立以斡思堅部哈剌魯三千人降於太祖。

匣答兒密立 千户。	密立火者 萬户府達魯花赤。	也罕的斤 四川行院副使。	火你赤的斤 雲南都元帥。				
			也連阿 萬户。				

哈兒魯氏，即哈剌魯氏，有大吉慈者，以真定路籍登進士。

阿□□ 郡公。	□□〔一〇〕 中奉大夫，郡公。		大吉慈 元統元年進士。				

丑閭，哈剌魯氏，河南淮北蒙古軍户。

霍哲 南陽郡伯。	阿□義〔一一〕	喜生	丑閭 元統元年進士，授保定路遂州判官。				

託本〔三〕，哈剌魯氏，居大名路濮陽縣。

忽都魯 管軍百户。	唆郎呵歹 百户。	那海 忠顯校尉。	託本 元統元年進士，授將作院照磨。				

沙全，亦哈剌魯氏。

沙的	沙全 一名抄兒赤，隆興萬户府達魯花赤。						

馬氏，亦哈剌魯氏，居金山之西，後散内地。

塔海							
仲良							
迺賢							

伯顏，亦哈剌魯氏，世居開州濮陽縣。

曲出	伯顏 翰林待制，江西僉事，謚文節。

合魯氏，亦稱葛邏祿氏。葛邏祿，譯言馬也。亦哈剌魯之異譯。其族散處内地，哈剌解其一也。

八合 賜名奥欒拔都，賜沿海翼管軍萬户。					
哈剌解 雲南行省右丞，追封鞏國公，謚武惠。					
不禄	忽口不花 沿海上萬户府達魯花赤。	哈剌不花 沿海萬户府達魯花赤。	脱脱	孛蘭奚	丑丑
安坦 沿海萬户哈剌解孫。					

迺賢，亦合魯氏，自南陽徙居浙東。

塔海 字仲良，官宣慰使。	迺賢 字易之。

鐵邁赤，亦合魯氏。

鐵邁赤 蒙古諸萬户府奥魯總管。
阿里 虎都鐵木禄 一名漢卿，從母姓劉，荆湖北路宣慰使。 塔海 僉書樞密院事，大都督，漢卿兄子。

迭里彌實，亦合魯温氏。

滿速兒 大都路中。	
默里馬合麻 安慶路治中。	
迭里彌實 漳州路達魯花赤。	
六十 速古兒赤。	普顏帖木兒 江西行省通事。

阿魯渾氏，亦稱阿兒渾氏，亦稱阿剌温氏。本西域部族。

也速兀闌 領天下諸匠弓夫砲手。
忽答夫兀闌 東平都達魯花赤。
補伯 婺州宣課司達魯花赤。
馬合謀 福州路同知。
捏古歹 莆田達魯花赤。
阿里沙 江西憲史。

哈只哈心，阿魯渾氏，後改荀氏。

哈只哈心 領怯憐口。	
阿合馬 阿散	
	荀暗都剌 改姓荀氏。大都路警巡院達魯花赤。
	安童

荀凱霖臨潼路達魯花赤。

頑童

捏伯古內黃稅使。

阿魯温氏，即阿魯渾氏。

徹里帖木兒中書平章政事。

哈散，亦阿魯温氏。

哈散禮部尚書。

掌機沙

尼波羅氏，本西域國名，阿尼哥，其國人也。

密迺邇　追封漢中郡公。					
臘可納　追封漢中郡公。					
阿尼哥　大司徒[二三]，領將作院事，追封涼國公。					
阿僧哥　大司徒。 阿述臘　諸色人匠總管府達魯花赤。	阿出哥	阿珀哥	阿凱哥	起阿臘	
阿咱臘					永安　右二人皆阿尼哥孫。

忽魯木石氏，又作「忽里謨思」。本西域地名，以地爲氏。

牙剌洼赤　燕京行省札魯忽赤。
馬思忽惕　別失八里行尚書省事。

【校勘記】

〔一〕「巴而朮阿而忒的斤」，「斤」原作「片」，據本表序改。

〔二〕「玉古倫赤的斤」，「斤」原作「片」，據《元史》卷一二二列傳第九《巴而朮阿而忒的斤傳》改。

〔三〕「紐林的斤」，「斤」原作「片」，據《元史》卷一二二列傳第九《巴而朮阿而忒的斤傳》改。注文「都花的斤」同。

〔四〕「籛吉」下，原衍「護」字，據《元史》卷一二二列傳第九《巴而朮阿而忒的斤傳》删。

〔五〕「梁國公」，原作「梁國國」，據《元史》卷一二〇列傳第七《木花里傳》改。

〔六〕「小李」，原作「小季」，據本書卷一二四《昔里鈐部傳》改。

〔七〕「汀州」，原作「汀洲」，據本書卷一七五《黄頭傳》改。

〔八〕「達魯花赤」，「赤」字原脱，據本書卷一一一《别的因傳》補。

〔九〕「僉嶺南廣西道廉訪司事」，「僉」字原脱，「司」作「使」，據本書卷一一一《别的因傳》補改。

〔一〇〕「彰德等路長宣官司達魯花赤」，「宣」字疑衍。

〔一一〕「仕金爲羣牧使」，「仕」原作「任」，據文意改。

〔一二〕此言「右十三人」，表中實列十四人。

〔一三〕以上三人，原誤在月乃合孫輩欄，今移正。又此言「四人」，表中實列十人。按馬祖常《石田集》卷一三《馬月忽乃神道碑》(馬月忽乃即月乃合),謂月乃合有曾孫三十一人,仕者九人:祖常、祖義、祖烈、天合、祖孝、易朔、祖謙、祖元、鹵合,無表中祖信。

〔一四〕「追封句容國公」疑誤,按據《元史》卷一二八列傳第十五《牀兀兒傳》及卷二三本紀第二十二《武宗一》,大德十一年十月封牀兀兒爲容國公,至大二年進封句容郡王。

〔一五〕「揚王」,原作「陽王」,據《元史》卷一二八列傳第十五《牀兀兒傳》改。

〔一六〕「達魯花赤」,「赤」字原脱,據《元史》卷一二五列傳第十二《忽辛傳》補。

〔一七〕「贈咸陽郡公」,「公」原作「人」,據《資善大夫中政院使買公世德之碑銘》改。買公即買述丁,撒的迷失之孫,阿合麻之子。下欄「咸陽郡公」,「公」亦訛作「人」,同據改。

〔一八〕「速哥」,原作「剌歌」,據《元統元年進士録》脱穎條改。速哥,《元史》卷一三一列傳第十八有傳。

〔一九〕「懷孟河南二十八處都達魯花赤」,「懷」原作「襲」,據《元史》卷一二〇列傳第七《曷思麥里傳》改。

〔二〇〕「□□」,此上原有「阿」字,據《元統元年進士録》大吉心(即大吉慈)條删。

〔二一〕「阿□義」,「義」字原脱,據《元統元年進士録》丑閭條補。

〔二二〕「託本」,原作「託木」,據《元統元年進士録》及下表改。

〔二三〕「大司徒」,原作「大司徙」,據《元史》卷一〇本紀第十《世祖七》至元十五年正月條改。

新元史卷之三十　表第四

三公表

元之制，太師、太傅、太保爲三師，太尉、司徒、司空爲三公。然大司徒、司徒不常置，終元之世，授太尉者一二人而已，非釋老無授大司空、司空者。至太師、太傅、太保，太祖之時已備其官，成宗以後遂爲論道經邦之職，故天順中修《經世大典》以太師、太傅、太保爲三公，不復稽祖制云。作《三公表》。

太祖皇帝	太師	太傅	太保
丙寅元年			
丁卯一年			
戊辰二年			

己巳三年			
庚午四年		訛答	
辛未六年			
壬申七年			
癸酉八年			
甲戌九年			
乙亥十年	耶律阿海	石抹明安	
丙子十一年			
丁丑十二年	木華黎		
戊寅十三年	木華黎		
己卯十四年	木華黎		
庚辰十五年	木華黎		
辛巳十六年	木華黎		
壬午十七年	木華黎		
癸未十八年	木華黎		
甲申十九年			

乙酉二十年			
丙戌二十一年			
丁亥二十二年			
戊子二十三年			
太宗皇帝			
己丑元年		耶律禿花	
庚寅二年			
辛卯三年			
壬辰四年			
癸巳五年			
甲午六年			
乙未七年			
丙申八年			
丁酉九年			
戊戌十年			
己亥十一年			

庚子十二年			
辛丑十三年			
壬寅			
癸卯			
甲辰			
乙巳			
定宗皇帝			
丙午元年			
丁未二年			
戊申三年			
己酉			
庚戌			
憲宗皇帝			
辛亥元年			
壬子二年			
癸丑三年			

甲寅四年			
乙卯五年			
丙辰六年			
丁巳七年			
戊午八年		明安答兒	
己未九年			
世祖皇帝			
庚申中統元年			
辛酉二年			
壬戌三年			
癸亥四年			
甲子至元元年			劉秉忠
乙丑二年			劉秉忠
丙寅三年			劉秉忠
丁卯四年			劉秉忠
戊辰五年			劉秉忠

己巳六年			劉秉忠
庚午七年			劉秉忠
辛未八年			劉秉忠
壬申九年			劉秉忠
癸酉十年			劉秉忠
甲戌十一年			劉秉忠
乙亥十二年			
丙子十三年			
丁丑十四年			
戊寅十五年			
己卯十六年			
庚辰十七年			
辛巳十八年			
壬午十九年			
癸未二十年			
甲申二十一年			

乙酉二十二年			
丙戌二十三年			
丁亥二十四年			
戊子二十五年			
己丑二十六年		月兒魯	
庚寅二十七年		月兒魯	
辛卯二十八年		月兒魯	
壬辰二十九年		月兒魯	
癸巳三十年		月兒魯	
甲午三十一年	月兒魯	伯顏	月赤察兒
成宗皇帝			
乙未元貞元年		伯顏	月赤察兒
丙申二年		伯顏	月赤察兒
丁酉大德元年			月赤察兒
戊戌二年			月赤察兒
己亥三年			月赤察兒

庚子四年	月赤察兒	完澤	
辛丑五年	月赤察兒		
壬寅六年	月赤察兒		
癸卯七年	月赤察兒		
甲辰八年	月赤察兒		
乙巳九年	月赤察兒		
丙午十年	月赤察兒		
丁未十一年	月赤察兒	哈剌哈孫	塔剌海
武宗皇帝			
戊申至大元年	月赤察兒 脱兒赤顏		
己酉二年	月赤察兒 脱兒赤顏		
庚戌三年	阿剌不花 脱虎脱	乞台普濟	三寶奴
辛亥四年	脱兒赤顏 月赤察兒	忽魯忽答 乞台普濟	曲出

仁宗皇帝			
壬子皇慶元年	阿撒罕	帖可	曲出
癸丑二年	阿撒罕	伯忽	曲出
甲寅延祐元年	阿撒罕	伯忽	曲出
乙卯二年	阿撒罕	伯忽	曲出
丙辰三年	鐵木迭兒	伯忽	曲出
丁巳四年	鐵木迭兒	伯忽	曲出
戊午五年		伯忽	曲出
己未六年	伯忽	朵觧	曲出
庚申七年	鐵木迭兒	朵觧	曲出
英宗皇帝			
辛酉至治元年	鐵木迭兒	朵觧	曲出
壬戌二年	鐵木迭兒	朵觧	曲出
癸亥三年	按塔出	朵觧	曲出
泰定元年			
甲子泰定元年	按塔出	朵觧	伯顏察兒

乙丑二年	按塔出	朵觧	禿忽魯
丙寅三年		朵觧	禿忽魯
丁卯四年	朵觧	禿忽魯	伯答沙
文宗皇帝			
戊辰天曆元年	燕鐵木兒 別不花	伯答沙	
己巳二年	燕鐵木兒	伯答沙	伯顔
庚午至順元年	燕鐵木兒	伯答沙	伯顔
辛未二年	燕鐵木兒	伯答沙	伯顔
壬申三年	燕鐵木兒	伯答沙	伯顔
惠宗皇帝			
癸酉元統元年	燕鐵木兒	撒敦	
	伯忽		
甲戌二年	伯忽	撒敦	燕不隣
乙亥至元元年	伯忽	撒敦	定住
		完者帖木兒	
丙子二年	伯顔		定住

丁丑三年	伯顏		馬札台兒
戊寅四年	伯顏		馬札台兒
己卯五年	伯顏		馬札台兒
庚辰六年	伯顏	塔失海牙	探馬赤
	馬札兒台		
辛巳至正元年	馬札兒台		
壬午二年	馬札兒台		
癸未三年	馬札兒台		
甲申四年	馬札兒台		
乙酉五年	馬札兒台		伯撒里
丙戌六年	馬札兒台		伯撒里
丁亥七年	馬札兒台		別兒怯不花
戊子八年		脱脱	
己丑九年		脱脱	
庚寅十年		脱脱	
辛卯十一年		脱脱	阿魯圖

壬辰十二年	脱脱		
癸巳十三年	脱脱		
甲午十四年	脱脱	汪家奴	伯撒里
乙未十五年	汪家奴	衆家奴	定住
			伯撒里
丙申十六年	汪家奴	衆家奴	定住
丁酉十七年	汪家奴	衆家奴	定住
戊戌十八年	汪家奴	衆家奴	搠思監
			定住
己亥十九年			搠思監
庚子二十年			搠思監
		太平	太平
辛丑二十一年	汪家奴	老章	搠思監
壬寅二十二年	汪家奴	老章	搠思監
癸卯二十三年	汪家奴	老章	
甲辰二十四年			孛羅帖木兒

乙巳二十五年	伯撒里	擴廓帖木兒	秃堅帖木兒
丙午二十六年	伯撒里	擴廓帖木兒	
丁未二十七年			也速
戊申二十八年		擴廓帖木兒	也速
己酉二十九年		擴廓帖木兒	也速

新元史卷之三十一　表第五

宰相年表

太宗立中書省，以耶律楚材爲令，粘合重山、鎮海爲左右丞相。楚材卒，楊惟中代之。惟中卒，不復置令。憲宗又罷左右丞相不置。至世祖始立行中書省於燕京，旋改中書省，置左右丞相、平章政事、左右丞、參知政事，凡四等。成宗定左右丞相以下平章政事二員、左右丞各一員、參知政事二員，爲八府。自後雖有增益，然祖宗之制不敢踰也。至正以來，武夫悍卒躐登宰執多至三四十人，省臣之選始濫矣。夫中書，政本也，就其人之賢不肖以考其政之治亂得失，猶立表測景，未有不相應者也。作《宰相年表》。

		右丞相	左丞相	平章政事	右丞	左丞	參知政事
庚申	中統元年 七月癸酉，立行中書省於燕京。	禡禡 七月癸酉，以行六部除，西域人，性嚴重。		王文統 七月癸酉除。 趙璧 七月癸酉除。			張易 忻州人，與劉秉忠同學，七月癸酉除。
辛酉	二年 二月丁酉，詔行中書省丞相禡禡及平章政事王文統等赴闕。	禡禡 三月，罷爲燕京路宣慰使。 不花 憲宗時怯薛長，領斷事官。父也孫禿花。五月庚辰除。 史天澤 五月庚辰除。	忽魯不花 父不憐吉歹官人。從阿里海涯習畏兀文。五月庚辰除。 耶律鑄 五庚月辰除。 賽典赤 以大司農、左三部尚書除。	王文統 趙璧 塔察兒 五月庚辰除。 廉希憲 五月庚辰除。	張文謙 五月庚辰除。 張啓元 十月庚子除，行省平陽、太原等路。 粘合南合 八月除，中興等路行中書省事。	闊闊 其父爲潛邸舊臣。七月壬午以翰林學士除。	商挺 楊果
壬戌	三年 九月庚申，詔以忽都虎定爲中書省署。	不花 史天澤	忽魯不花 耶律鑄	塔察兒 王文統 二月，謀反伏誅。 賽典赤	粘合南合 張啓元	闊闊 張文謙	商挺 行省陝西。 楊果

	癸亥	甲子	乙丑
	四年	至元元年	二年 是年置丞相五員。
	不花 六月罷。 線真代 史天澤	線真 罷爲宣徽使。 史天澤	安童 八月除。 耶律鑄
	忽魯不花 六月罷。 塔察兒代 耶律鑄	塔察兒 耶律鑄 八月行省。	伯顏 八月除。 耶律鑄
廉希憲 三月己未，與禡禡、商挺、麥肖行省事於陝西〔一〕。 趙璧 二月丙午，行中書省事於山東。	塔察兒 六月升左丞相。 趙璧 賽典赤 廉希憲	賽典赤 廉希憲 粘合南合 阿合馬 八月除。	趙璧 閏五月，行省南京。
	粘合南合 張啓元	張啓元 阿里別 粘合南合 四月己亥升平章。	張啓元
	禡禡 張文謙 姚樞	張文謙	姚樞 行省事於西京等路。
	商挺 楊果	商挺 楊果 張惠	王晉 二月，由山東廉訪使除。

				廉希憲 行省東平。				
				賽合丁 二月，由宣慰使除。 阿合馬				
丙寅	三年 是年，置丞相五員。	安童 史天澤 二月，改樞密副使。	忽都察兒 十一月除。 伯顏 耶律鑄	廉希憲 二月除。 宋子貞 二月除，十一月致仕。 阿合馬	阿里別 八月罷。 張易	張文謙 八月罷。	王晉 商挺 八月皆罷。 張惠
丁卯	四年	安童	史天澤 六月復入。 耶律鑄	忽都察兒 六月由左丞相降[一]。 粘合南合 三月庚申復平章政事。	伯顏 由左丞相降。	廉希憲 由平章降。	阿里別 二月復入，六月降。 張文謙 由左丞降。
戊辰	五年	安童	史天澤 九月復爲樞密副使。 耶律鑄	忽都察兒 阿合馬 粘合南合 卒。	伯顏 張文謙	廉希憲 阿里別 二月除，六月降。	阿里別 十月，出行河南省事。

							阿里 十月，以御史中丞除。
己巳	六年	安童	耶律鑄	忽都察兒 史天澤 阿合馬	伯顏	廉希憲	阿里 張文謙
庚午	七年 是年，置尚書省，惟置平章政事以下員。	安童 中書省。	忽都察兒 耶律鑄 正月罷。	阿合馬 正月除。 張易 正月，除尚書省。	伯顏 遷同知樞密院事。	廉希憲 正月罷。 許衡 正月，由祭酒除。 趙璧 東京等路行尚書省事。	阿里 張文謙 張惠 六月，除司農卿。 李堯咨 正月除。憲宗舊臣。 麥朮督丁 正月除。
辛未	八年 是年置尚書省，十二月罷。	安童 中書省。	忽都察兒	阿合馬 張易 尚書省。	趙璧	許衡 三月，以老疾辭。	阿里 張惠 李堯咨 麥朮督丁 阿里海涯 以同僉行中書事除。

壬申	九年	安童	忽都察兒	阿合馬 正月，由尚書省改中書。 張易	趙璧	張惠 正月除。	李堯咨 由尚書省改。 麥朮督丁 由尚書省改。
癸酉	十年	安童	忽都察兒	哈伯 九月除。 阿合馬 張易 趙璧	趙璧 張惠 三月，由左丞除。	張惠 自正月至三月。	李堯咨 麥朮督丁
甲戌	十一年	安童	忽都察兒	哈伯 阿合馬 趙璧 張易	張惠		李堯咨 麥朮督丁
乙亥	十二年	安童	忽都察兒	哈伯 阿合馬 張易 改樞密副使。 趙璧	張惠		李堯咨 麥朮督丁
丙子	十三年		忽都察兒	哈伯 阿合馬 趙璧	張惠 昔班 正月，由真定總管除。		郝禎

丁丑	十四年		忽都察兒	哈伯 阿合馬	張惠	呂文煥 七月丁巳除。	郝禎 別都魯丁 十一月，由吏部尚書除。
戊寅	十五年		忽都察兒	哈伯 阿里 阿合馬	張惠	呂文煥	耿仁 以參議除。
己卯	十六年			阿合馬 哈伯	張惠		郝禎 耿仁
庚辰	十七年			阿合馬 哈伯	張惠		郝禎 耿仁
辛巳	十八年			阿合馬	張惠	耿仁 郝禎	阿里
壬午	十九年	甕吉剌觧 正月至三月，降爲大都留守，同僉樞密院事。 和禮霍孫 四月至十二月。	耶律鑄	阿合馬 三月，爲王著所殺。	扎珊 張惠 四月壬申罷。 麥朮督丁 五月除。	耿仁 九月辛酉伏誅。 郝禎 三月，爲王著所殺。	阿里 五月罷。 張雄飛 五月，由行台中丞除〔三〕。

癸未	二十年	和禮霍孫	耶律鑄 十月罷。	扎珊 十一月爲樞密副使。	麥朮督丁		張雄飛 温迪罕 耶律老哥 太師耶律阿海子。五月除。 王椅 六月除。
甲申	二十一年	和禮霍孫 十一月罷，卒。			麥朮督丁 十一月罷。		張雄飛 十一月罷。 温迪罕 十一月罷。
		安童 十一月除。					
乙酉	二十二年	安童 三月，敕與麥朮丁治中書省事。	甕吉剌帶 二月戊辰除。	阿必失哈 正月除。 忽都魯 三月除。	盧世榮 四月以罪誅。	史樞 十一月除。	撒的迷失 廉不魯迷失海牙 郭佑 帖木耳 十月，由參議除，位郭佑上。 禿魯歡 十一月乙未除。

丙戌	丁亥	戊子
二十三年	二十四年 是年，置尚書省，設官如七年置。	二十五年 是年，置尚書省，始增丞相一員。
安童	安童 中書省。 桑哥 十一月，由平章升。	安童 中書省。 桑哥 尚書省。
甕吉剌帶 七月罷。	也速解兒 十一月升。	也速解兒
薛闍干 六月除。	薛闍干 十月行省遼陽。 麥朮督丁 二月，由右丞升。 桑哥 也速解兒 阿魯渾薩理 由右丞升。	麥朮督丁 阿魯渾薩理
麥朮督丁	范文虎 阿魯渾薩理〔五〕 由左丞升。	崔彧 葉李
也速解兒 本名帖木兒，避成宗御名改。七月，由參政升。	馬紹 由參知政事升。 葉李 閏二月除。	馬紹
楊居寬 郭佑 由中丞除。 廉不魯迷失海牙〔四〕	楊居寬 爲桑哥所陷，下獄死。 不顏里海牙 正月丁亥除。 馬紹 閏二月除。 忻都 閏二月除。	何榮祖 張住哥 又名守智。 忻都 夾谷〔六〕

己丑	二十六年是年，置尚書省。	安童 中書省。 桑哥 尚書省。	麥朮督丁 帖木兒 阿魯渾薩理	伯答兒 二月除。	崔彧 葉李	忻都 四月，由參政升。	張天佑 四月，以參議除。 張住哥 忻都 何榮祖 四月，以中書參政改。 夾谷
庚寅	二十七年是年，置尚書省。	安童 中書省。 桑哥 尚書省。		伯答兒 麥朮督丁 帖木兒 阿魯渾薩理	崔彧 葉李 忻都	馬紹	張天佑 張住哥 何榮祖 以病告，特授集賢大學士。 夾谷 十一月。 燕真忽都魯代

辛卯	壬辰
二十八年 是年，置尚書省。正月至五月置。	二十九年
完澤中書省 二月，以詹事爲中書省右丞相。五月，改中書。 桑哥尚書省 正月罷，後伏誅。	完澤
咱喜魯丁 九月除。 也速觧兒 阿魯渾薩理 雪雪的斤 十月除。 別都魯丁 十二月除。	
不忽木 二月，以翰林承旨爲尚書平章。五月，改中書〔七〕。 葉李 忻都	帖可 三月，以大司農除。 剌真 三月，以翰林承旨除。 麥朮督丁 三月免署，商議省事〔一〇〕。
何榮祖 二月，以集賢大學士爲尚書省右丞〔八〕。	何榮祖 商議省事。 不忽木 咱喜魯丁〔一一〕
別都魯丁 以桑哥專恣，不肯仕，命仍爲左丞。 馬紹〔九〕 五月，由尚書省改。	馬紹
賀勝 二月，以集賢學士爲尚書省參政，五月改。 杜思敬 高翥 五月，由尚書省改。 燕真忽都魯	杜思敬 梁暗都剌 三月除。

癸巳	三十年	完澤		賽典赤伯顏 十一月，由河南行省平章入。 帖可 麥朮督丁 商議省事。 剌真 不忽木 咱喜魯丁	何榮祖 商議省事。 阿里 忽魯火孫 以右丞署太常事，俄出爲陝西右丞。	張九思 十一月除。 馬紹 正月至十一月。	杜思敬 梁暗都剌
甲午	三十一年	完澤		賽典赤 帖可 剌真 麥朮督丁 五月辛巳，加平章軍國重事。 不忽木	何榮祖 五月罷爲昭文館大學士，商議省事。 阿里 張九思 十一月創增，由陝西行省平章遷。	梁暗都剌 帖木兒 六月復除。 杜思敬 致仕。	杜思敬 右丞。 何瑋 九月以湖南宣慰使除。
乙未	元貞元年	完澤		賽典赤 帖可 麥朮督丁 五月，平章軍國重事。 不忽木	何榮祖 阿里 張九思	梁暗都剌 楊炎龍 由雲南左丞除。	阿老瓦丁 正月，以江浙行省平章除。 何瑋

丙申	丁酉
二年	大德元年
完澤	完澤
賽典赤伯顏 帖可 剌真 不忽木 段那海　三月至十二月。本名貞，字正卿，澤州人。由大都留守司達魯花赤遷。	賽典赤伯顏 段那海 帖可 剌真 也先帖木兒　四月至十月〔一三〕。由陝西行省平章遷。
張九思 阿里　三月至十二月。三月壬申，罷爲昭文館大學士，平章軍國事。	阿里　正月至三月。三月，遣以鈔八萬定糴糧於和林。 張九思 梁暗都剌　四月至十二月。 王慶端　二月除。
梁暗都剌 楊炎龍〔一二〕	梁暗都剌　正月至三月。 八都馬辛　四月至閏十二月。 楊炎龍〔一四〕
呂天麟　由工部尚書除。 何瑋	呂天麟 張斯立　正月至十二月。章邱人。官江浙行臺郎中時，與帖可台搆殺劉宣，時論少之。 何瑋　正月至五月。

戊戌	二年	完澤		賽典赤伯顏 段那海 帖可 剌真 也先帖木兒 正月。 張九思 二月除。 梁暗都剌 四月至十二月。 王慶端 十一月除。	梁暗都剌 正月至二月。 張九思 正月至二月。 楊炎龍 由左丞升。	楊炎龍 七月，與洪君祥使高麗。 八都馬辛 五月除。	呂天麟 張斯立
己亥	三年	完澤	哈剌哈孫 正月除。	賽典赤伯顏 帖可 剌真 正月至七月。 段那海 梁暗都剌	楊炎龍 八都馬辛 由左丞升。	月古不花 五月至十二月。	迷兒火者 三月至十二月。 呂天麟 正月一月。 張斯立
庚子	四年	完澤	哈剌哈孫	賽典赤伯顏 段那海 梁俺都剌 阿魯渾薩理 八月至十二月。	八都馬辛 楊炎龍 賀仁傑 閏八月，升平章政事。	月古不花 呂天麟	迷兒火者 張斯立 哈剌蠻子

				不蘭奚 由四月斷事官除。 賀仁傑			
辛丑	五年	完澤	哈剌哈孫	賽典赤伯顏 段那海 梁俺都剌 阿魯渾薩理	八都馬辛 楊炎龍	吕天麟 月古不花	迷兒火者 張斯立 哈剌蠻子
壬寅	六年	完澤	哈剌哈孫	賽典赤伯顏 阿魯渾薩理 正月至七月。 段那海 梁暗都剌	八都馬辛 楊炎龍 正月至八月。	月古不花 吕天麟 正月至八月。	迷兒火者 正月至七月。 哈剌蠻子 正月至七月。 張斯立
癸卯	七年	完澤 正月至四月。 哈剌哈孫〔一五〕 七月至十二月。	阿忽台 八月至十二月。 哈剌哈孫 七月升。	賽典赤伯顏 正月至二月。 阿老瓦丁 三月至十二月。 段那海 正月一月。	八都馬辛 正月一月。 洪雙叔 四月至十二月。	月古不花 正月一月。 尚文 三月至十二月。	哈剌蠻子 正月一月。 朵䚟 三月至七月。 迷兒火者 正月一月。

	甲辰
	八年
	哈剌哈孫
	阿忽台
阿魯渾薩理 三月罷。 梁暗都剌 正月一月。 木八剌沙 三月至十二月。	阿老瓦丁 正月至九月。 賽典赤伯顏 十月至十二月。 帖可 阿里 十月至十二月。
	洪雙叔 正月一月。 塔思不花 二月至十二月。 八都馬辛 十一月至十二月。
	尚文 火失海牙 十一月一月。
張斯立 正月一月。 董士珍 二月，以江浙參政除。	朵䚟 迷兒火者 十月至十二月。 董士珍 正月一月。 趙仁榮 正月，以江南行臺除。 張祐〔一六〕 懷州人，贈上護軍，追封清河郡公。九月，以户部尚書除。

乙巳	九年	哈剌哈孫	阿忽台	賽典赤伯顏 阿里　正月至七月。 八都馬辛　八月至十二月。 段那海　九月至十二月。	長壽　正月至八月。 八都馬辛　正月至七月。 哈剌蠻子　七月升。	尚文　正月至七月。 迷兒火者　八月升。	脫歡　正月至六月。 迷兒火者　正月至八月。 張祐　正月至十月。 哈剌蠻子
丙午	十年	哈剌哈孫	阿忽台	帖可　三月至十二月。 阿散　三月至十二月。 賽典赤伯顏　正月至閏正月。 段那海　正月至閏正月。 八都馬辛徹里　二月至十月。	哈剌蠻子	章閭　四月至十二月。 迷兒火者　正月至十二月。 迷兒火者　正月至閏正月。 杜思敬　三月至十二月〔一七〕。 月古不花　三月除。	也先伯　三月至十二月。

丁未
十一年
哈剌哈孫 正月至八月。 塔剌海 七月升。
阿忽台 二月伏誅。 塔剌海 五月至七月。 塔思不花 七月除。
帖可 正月至二月。 阿散 正月至八月。 教化 八月至十二月。 八都馬辛 正月至二月。 床兀兒 五月至十二月。 塔失海牙 九月至十二月〔一八〕。 脱脱 八月至九月。 法忽魯丁 八月至九月。
哈剌蠻子 正月至二月。 孛羅帖木兒 九月至十二月。 孛羅答失 七月，由同知宣徽院事爲左丞，九月升右丞。 王壽 八月一月。 劉正 九月至十二月。 抄兒赤 六月至十二月。 塔海 六月至十二月。
杜思敬 正月至三月。 章閭 正月至三月。延祐元年，以妻病謁告歸。奪民地，劾罷。 阿都赤 正月至七月。 阿里伯 五月至十二月。 斡羅思 七月至十二月。 劉正 五月至九月。 孛羅答失 七月至九月。
也先伯 正月至八月。 劉源 正月至三月。 撒剌兒 六月至九月。 于璋 十一月至十二月。 欽察 五月，以遥授中書左丞除。七月，爲四川左丞。

戊申	
至大元年	
答剌海 正月至三月。 塔思不花 十一月至十二月。	
脱脱 閏十一月至十二月。 乞台普濟 二月至十一月。	
塔失海牙 床兀兒 正月至三月。	別不花 八月至九月。出爲江浙行省左丞相。 阿沙不花 五月至十二月。 乞台普濟 六月至十二月。 明里不花 六月至十二月。
孛羅帖木兒 劉正 十二月一月〔二九〕。	
尚文 八月至十二月。 忽都不丁	郝天挺 七月，以江浙左丞爲右丞。
烏伯都剌 正月至十一月。 郝彬 十月至十一月。	

乞台普濟 閏十一月至十二月。

塔思不花 七月，由御史大夫爲左相。十一月，升右丞相。

乞台普濟 正月至二月。
教化 正月至一月。
阿沙不花 右丞相行平章政事。七月至十一月。
阿散 四月至六月。
脱脱木兒 四月至十二月。
赤因帖木兒 閏十一月至十二月。
察乃 閏十一月至十二月。
也罕的斤

孛羅答失 正月至十一月。
扎忽兒觧 閏十一月至十二月。明年，出爲四川行省平章，卒，謚忠肅。

尚文 八月至十二月。
忽都不丁 八月至十一月。
郝天挺
劉楫 正月至十二月。
何瑋 十月至十二月。
烏伯都剌 閏十一月至十二月。
也罕的斤 正月，升平章政事。

于璋 正月至九月。
伯都 閏十一月至十二月。
許昉 閏十一月至十二月。

己酉

二年　是年，置尚書省。

塔思不花　乞台普濟 中書省。正月至七月。　乞台普濟 八月至十二月。尚書省。

脱脱　脱虎脱

哈失海牙 三月至十月。　阿散 十月，以遼陽行省平章除。亦作「合散」。　赤因帖木兒 九月至十二月。　察乃 八月至十二月。　三寶奴 八月至九月。　伯顔 伽乃氏帖哥孫。十一月至十二月。　樂實 高麗人。惠宗時追謚武敏。八月至十二月。

札忽兒解 出爲四川平章政事。　劉正　伯都 由參政升。　保八 八月至十二月。

郝天挺 正月至十一月。　烏伯都剌 正月至十二月。　脱虎脱 九月至十二月。　劉楫 八月，由中書改尚書。　忙哥帖木兒 八月至十二月。　劉楫

伯都 正月至十月。　高昉　帖里脱歡 六月，以參議中書省事除。　伯都 太保曲出子。遷右丞。　王羆 八月至十二月。　郝彬 八月至十二月。

庚戌	辛亥
三年	四年
塔思不花 中書省。 脱虎脱 尚書省。正月罷，坐變更舊章，伏誅。	帖木迭兒 正月，以雲南行省左丞相除。
脱脱 三寶奴 正月伏誅。	
赤因帖木兒 察乃 樂實 伏誅。 伯顏	察乃 赤因帖木兒 李孟 二月至十二月。 完澤 二月至八月。陝西行省平章葉散爵子。
伯都 正月一月。 忽都不丁 七月至十一月。 保八 伏誅。	忽都不丁 正月至三月。 烏伯都剌 四月至八月。
忽不都丁 正月至六月。 斡只 八月至十一月。 忙哥帖木兒 杖流海外。	斡只 正月一月。 李士英 以御史中丞除。三月至十二月。
帖里脱歡 賈鈞 正月至十二月。 回回 八月至十二月。 王羆 伏誅。 郝彬 八月，以江西參知入。	帖里脱歡 正月至八月。 賈鈞 正月至八月。 察罕 三月，以昭文館大學士除。

	壬子	癸丑
	皇慶元年	二年
	帖木迭兒	帖木迭兒 正月一月。 禿忽魯 正月至十二月。
	阿散 五月至十二月。	阿散
阿僊 十二月一月。	阿散 五月，升左丞相。 章閭 五月，由江浙平章除。 李孟 十二月致仕。	章閭 張珪 正月至五月。 烏伯都剌 六月至十二月。
	烏伯都剌	烏伯都剌 正月至五月。 八剌脱因 六月至十二月。
	李士英 正月至二月。 八剌脱因 三月至十二月。	八剌脱因 正月至五月。 阿上海牙 正月至十二月。
	察罕 正月至九月。 阿海牙 十月至十二月。 賈鈞 七月以病請告。 許師敬 九月至十二月。右丞許衡子。	許師敬 卜阿海牙 正月至五月。 禿魯花帖木兒 六月至七月。 薛居敬 由御史除。九月至十二月。

甲寅	延祐元年	帖木迭兒 四月，錄軍國事。九月，又爲右相。 禿忽魯 正月至二月。 阿散 二月升，九月改左。	阿散	章閭 正月至十二月。 馬伯都剌 正月至八月。	八剌脱因 正月至十一月。 蕭拜住 十二月一月。 劉正	阿卜海牙	趙世延 二月，以侍御史除。 高昉 正月，由江浙左丞除。二月，罷爲集賢學士。
乙卯	二年	帖木迭兒	阿散	烏伯都剌 李孟 劉正 正月，由右丞除。 章閭 三月，出爲江浙平章。	拜住	阿里海牙	曹鼎 趙世延 正月至九月。 郭貫 以淮西廉訪除。十一月一月。
丙辰	三年	帖木迭兒	阿散	烏伯都剌 李孟	拜住 正月至五月。	阿里海牙 正月至五月。	郭貫 正月至五月。

	丁巳
	四年
	帖木迭兒　正月至六月。 伯答沙　九月至十二月。 阿散　六月升，九月改左。
	阿散
伯帖木兒　六月至十二月。 拜住　六月至十二月。	伯帖木兒　正月至七月。 赤因帖木兒　六月至十二月。 拜住　正月至五月。 阿里海牙　六月至十二月。
阿卜海牙　六月至八月。	阿里海牙　正月至五月。 乞塔　六月至十二月。
郭貫　六月至八月。 王毅　十月至十二月。	王毅　正月至五月。 高昉　六月至十二月。
不花兀速兒吉氏　六月至十二月。 曹鼎　正月至七月。 乞塔　九月至十二月。	乞塔　正月至五月。 焕住　六月至十二月。 高昉　正月至五月。 張思明　六月，以中書參議除。

	戊午
	五年
	伯答沙
	阿散
李孟 正月至六月。 王毅 八月至十二月。 烏伯都剌	赤因帖木兒 正月至九月。 阿里海牙 亦列赤 十月至十二月。 烏伯都剌 王毅
	乞塔 正月至四月。 亦列赤 六月至九月。 高昉 十月至十二月。
	高昉 正月至九月。 焕住 十月至十二月。
王桂 六月，以工部尚書除。	焕住 正月至九月。 王毅 七月，以江浙左丞除。 敬儼 五月至十二月。 燕只哥 十月至十二月。 狗兒 九月，由僉太常禮儀院事除。

己未	庚申
六年	七年
伯答沙	伯答沙 正月一月。 帖木迭兒 二月至十二月。
阿散	阿散 正月至四月。罷爲嶺北平章。
烏伯都剌 阿里海牙 王毅 十二月辭。 亦列赤 正月至十一月。	烏伯都剌 正月一月。 亦列赤 正月一月。 阿里海牙 正月至二月。 禿滿迭兒 正月至二月。
高昉	高昉 正月至二月。 木八剌 三月至十二月。
煥住	煥住 正月一月。 張思明 三月至十二月。
敬儼 正月至八月。 燕只哥 正月至九月。 張思明 閏八月至十二月。 欽察 十月至十二月。	欽察 正月至五月。 張思明 只兒哈郎 六月至十二月。 速速 六月至十二月。

辛酉	
至治元年	
帖木迭兒	
拜住	
廉米只兒海牙 帖木兒脫 正月至八月。罷爲上都留守。	赫驢 三月至四月。 趙世榮 以陝西平章除。正月至七月。 拜住 正月一月。 答失海牙 六月至十二月。 乃剌忽 六月至七月。 帖木兒脫 六月至十二月。
只兒哈郎	
張思明	
速速 薛處敬 正月至十二月。罷爲江南行省左丞。	

	壬戌
	二年
	帖木迭兒 正月至八月。拜住 十一月至十二月。
	拜住 正月至十月。
塔失海牙 正月至八月。只兒哈郎 七月至十二月。	廉米只兒 海牙 正月至十二月。罷爲集賢大學士。欽察 五月至十二月。只兒哈郎 正月至五月。遷御史大夫。買驢 四月至十二月。罷爲大司農。
	只兒哈郎
	張思明 七月免。
	速速 薛處敬 正月至二月。出爲河南左丞。王居仁 閏五月至十二月。

癸亥	甲子
三年	泰定元年
拜住 正月至八月。英宗遇弑，死之。 也先鐵木兒 九月，由知樞密院事除。十月伏誅。 旭邁傑 十月除。	旭邁傑 正月至十二月。
倒剌沙 九月，以內史除。	倒剌沙 二月至十二月。
欽察 赤因帖木兒 十月一月。 張珪 以集賢大學士除。	倒剌沙 正月至十二月。 烏伯都剌 回回人。十月，以江浙平章除。 欽察 正月至二月。 張珪
只兒哈郎 正月至十月。 乃馬觧 十月至十二月。	乃蠻觧 正月一月。 善僧 二月至十二月。
速速 正月至八月。 善僧 九月至十二月。	善僧 正月一月。 潑皮 六月至十二月。
馬剌 以宗仁衛指揮除。 王居仁	馬剌 正月至四月。 王居仁 陽穀人。贈中書平章政事，封薊國公。 楊庭玉 三月至十二月。

					乃蠻解 二月至十二月。禿滿迭兒 五月至十二月。			朵朵 五月至十二月。
乙丑	二年	旭邁傑 八月卒。塔失帖木兒 十二月一月。	倒剌沙 十月癸未，爲御史大夫。丙寅復入。	禿滿迭兒 烏伯都剌 乃蠻解 張珪 正月至二月。善僧	善僧 正月至二月。潑皮 三月至十二月。	潑皮 正月至二月。許師敬 四月至十二月。	朵朵 楊庭玉 正月至四月。坐市官錦受賕抵罪。馮不花 五月至十一月。名亨。以中政使除。
丙寅	三年	塔失帖木兒	倒剌沙	禿滿迭兒 乃蠻解 正月至二月。烏伯都剌	潑皮 正月至五月。許師敬 十月至十二月。	許師敬 正月至十月。朵朵 十一月至十二月。	朵朵 正月至十月。史惟良 十一月至十二月。

	丁卯	
	四年	致和元年
	塔失帖木兒	塔失帖木兒 正月至八月。
	倒剌沙	倒剌沙
察乃 三月至十二月。 善僧 正月至十月。 伯顏察兒 雲南行省平章賽典赤子。十二月一月。	禿滿迭兒 察乃 烏伯都剌 伯顏察兒	烏伯都剌 八月下獄，棄市。 伯顏察兒 八月下獄。後至元四年，追封奉元王，謚忠宣。
	許師敬 正月至十月。 趙世延 十月至十二月。	曹立 八月至九月。至順二年，御史言曹立今雖閑廢，猶與富民交納，宜遣還大同本籍，從之。
	朵朵	朵朵 八月下獄。
馮不花 左塔不台 六月除。	馮不花 史惟良 正月至九月。 王士熙 十月至十二月。	王士熙 八月下獄。

戊辰	
天曆元年	
燕鐵木兒 九月除。	
別不花 八月以湖廣左丞相除。	
塔失海牙 九月至十月。 速速 九月至十月。坐受賕杖徙襄陽，以母老留京師。 闊闊台 九月至十二月。 明里董阿 九月至十二月。 欽察台 十月至十二月。 敬儼 十月至十二月。	塔失帖木兒 五月，由嶺北平章除。
趙世延 八月，遷御史大夫。 回回 九月至十一月。 月魯不花 十一月至十二月。由御史中丞除監察御史。撒里不花等稱其素稟直氣，操履端正，以中丞兼太禎院使。 撒迪 十一月除。	
史惟良 二月除，九月辭。	
張友諒 十月至十二月。章邱人，斯立兄子，官至翰林學士承旨。 月魯帖木兒 十月至十一月。	

己巳
二年
燕鐵木兒 正月，爲御史大夫。二月復入。
別不花 八月，御史劾與速速等潛呼日者推測聖算，詔與妻子安置集慶。 帖木兒不花 正月至八月。加録軍國重事。
闊闊台 正月至五月。 阿里董阿 阿里海牙 正月，由陝西行台御史大夫除。正月至四月。 敬儼 正月。 王毅 正月至八月。 哈八兒禿 五月至八月。 徹里帖木兒 五月至八月。 阿兒思蘭 海牙 九月至十二月。
徹里帖木兒 正月至八月。 闊兒吉思 四月至八月。 朵兒只 八月至十一月。
月魯帖木兒 正月至八月。 趙世安 十月至十二月。
趙世安 八月，以太子詹事除。 左吉 正月至五月。 王結 正月至八月。 阿榮 八月至十二月。

	庚午
	至順元年
	燕鐵木兒
	伯顏 二月丁未，改知樞密院事，省左丞相不置。
朵兒只 十二月。 趙世延 十一月。 欽察台	欽察台 阿兒思蘭 海牙 二月，出爲南台御史大夫。 趙世延 正月至閏七月。 阿里海牙 二月，以宗禋院使除。
	撒迪
	趙世安 二月，遷御史中丞。 張友諒 以參政升。 史惟良 二月遷，九月辭職歸養。
	和尚 正月至閏七月。 張友諒 五月至九月。 脫亦納 姚庸

	辛未
	二年
	燕鐵木兒
朵兒只 正月至二月。御史言朵兒只銓選之際紊亂紀綱，貪污著聞，恬不知恥，罷之。 亦列赤思 五月，以宗禋院使除。	欽察台 阿里海牙 亦列赤思 九月乙未，賜金虎符。 伯撒里 二月，以燕王宮相除。
	撒迪
	張友諒
	脱亦納 正月。 姚庸 燕帖木兒 耿煥 十一月，以户部尚書除。

	壬申	癸酉
	三年	元統元年
	燕鐵木兒	燕鐵木兒 五月卒。 伯顏 六月除。
		撒敦 六月除。
秃兒哈帖木兒	欽察台 伯撒里 秃兒哈帖木兒 十月，除知樞密院事。 撒迪 十月，由右丞升。 阿里海牙 亦列赤	欽察歹 阿里海牙 撒迪
	撒迪 闊里吉思 十月，以宣政院除。	闊兒吉思 孛羅
	趙世安 六月，由中丞除。	史惟良 鄆城人，官至集賢大學士。
朵兒只班 二月，由陝西行台中丞除。		忽都海牙 高履亨

	甲戌	乙亥
	二年	至元元年
	伯顏	伯顏 七月壬寅命獨相。
	撒敦 五月罷，仍商量中書事。 唐其勢 五月辛卯，代撒敦。 撒敦 六月乙亥，唐其勢辭，復拜。	撒敦 卒。 唐其勢 五月除，六月伏誅。
阿昔兒 闊兒吉思	脫別歹 正月，以御史大夫除。 阿里海牙 正月，除河南丞相。 撒迪 阿息兒 闊兒吉思	脫別歹 定住 九月初七日，由樞密知院除爲頭平章。
	孛羅	孛羅 七月升平章。 鞏卜班 十月。
王結	王結	王結 耿煥 官江浙、江西行省參知政事，遷左丞。十一月。
	忽都海牙 許有壬 十月，由侍御史除。	普化 四月，由南台中丞除。 納麟 七月，由南台中丞除。

阿昔兒

闊兒吉思
七月還知院。

撒迪
七月初一日，由中丞除第二平章。十月，爲御史大夫。

徹里帖木兒
十二月罷。

孛羅
七月，代闊里吉思。

阿吉剌
十一月，由知院除。

塔失海牙

許有壬

丙子	二年	伯顏		定住 塔失海牙 帖木兒不花四月，以知樞密院除。 孛羅 阿吉剌	鞏卜班	王懋德四月除。《舊紀》作「德懋」，誤。高唐人，累遷燕南廉訪使。大名飢，奏賑，全活三十餘萬。	納麟 許有壬
丁丑	三年	伯顏		定住二月丙申卒。 塔失海牙 孛羅 阿吉剌	鞏卜班	王懋德	納麟 許有壬
戊寅	四年	伯顏		探馬赤四月除。	鞏卜班	王懋德	納麟

	己卯
	五年
	伯顏
哈八兒禿 孛羅　冬十月，命領太常禮儀院使。 阿吉剌　四月，爲奎章閣大學士。五月復入。 只兒瓦歹　四月除。	哈八兒禿 孛羅 阿吉剌　三月，出爲遼陽平章。 只兒瓦歹　後罷爲丞旨。
	鞏卜班　三月，出爲甘肅平章。
傅巖起	納麟 傅巖起

庚辰	辛巳
六年	至正元年
伯顏 二月己亥，黜爲河南右丞相。 馬札兒台 三月至十月。 脫脫 十月。	脫脫
鐵木兒不花 十月。	鐵木兒不花
孛羅 沙剌班 汪家奴 晉甯王闊里吉思子。四月，由樞密同知爲平章。十月除知樞密院。 只兒瓦歹 後罷爲丞旨。	別兒怯不花 由御史大夫遷。十二月，出爲江浙行省左丞相。
鐵木兒塔識 四月除。	鐵木兒塔識 四月，升平章。 阿魯
傅巖起	許有壬
納麟 四月除樞密同知。 阿魯 傅巖起 二月升左丞。 許有壬 賜上尊束帛。	阿魯 四月，升右丞。 定住 許有壬 四月，升左丞。

	壬午	癸未
	二年	三年
	脱脱	脱脱
		别兒怯不花 十二月。
脱歡 札只拉氏。由河南行省平章遷，罷爲江南行臺御史大夫。 也先帖木兒 鐵木兒塔識	也先帖木兒 鐵木兒塔識 也滅怯歹 三月，由知院除第四平章。	也先帖木兒 鐵木兒塔識 也滅怯歹
	太平 六月。	太平
	許有壬	許有壬 正月辭。
吴忽都不花	定住 吴忽都不花	定住 吴忽都不花 伯顔 韓元善 十月，由樞密簽院除。

甲申	四年	脱脱 五月，辭位。 阿魯圖 五月。	別兒怯不花	鐵木兒塔識 三月。 太平 納麟 三月，由河南平章除。 伯顏 納哈赤	太平 二月，升平章。 伯顏 二月至八月。升平章。 達識帖睦邇 九月。	吳忽都不花 姚庸 三月，由集賢大學士除。九月，爲承旨。 董守簡 九月，由中丞除。	伯顏 二月，升右丞。 搠思監 二月。 韓元善 趙德壽 正月，由兵部尚書除。
乙酉	五年	阿魯圖	別兒怯不花	鐵木兒塔識 七月，爲御史大夫。 納哈赤 後罷爲承旨。 太平 十月，爲御史大夫。	達識帖睦邇 九月，罷爲承旨。 搠思監	董守簡 後遷中丞。	搠思監 九月升右丞。 朵兒只班 前資政院使。 韓元善 十月，除司農太卿。 呂思誠 十月。

		丙戌	丁亥
		六年	七年
		阿魯圖	別兒怯不花 正月壬子、四月庚寅再命。五月罷。 朶兒只 十二月。
		別兒怯不花	鐵木兒塔識 録軍國重事。九月卒。 朶兒只 九月，由大夫拜。
	鞏卜班 七月。 納麟 伯顏	鐵木兒塔識 位次右丞相。 鞏卜班 納麟 明年，出爲江南行臺御史大夫。 教化 帖木哥	鐵木兒塔識 四月，升左丞相。 太平 六月至十二月。升左丞相。
		朶兒只班 七月，由參知政事升，後除遼陽平章。	瑣南班 後遷中丞。 定住 四月，由承旨除。 脫歡 七月。
		呂思誠	呂思誠
		朶兒只班 答兒麻 七月。 瑣南班 呂思誠 四月，升左丞。 魏中立 蓋苗 尋出爲甘肅行省右丞。	瑣南班 二月升右丞。 道童 三月。 福壽 六月。

	戊子
	八年
	朵兒只
太平 十二月。	太平
教化 定住 帖木哥 朵朵 後拜陝西左丞相。 韓加訥 十一月，除大夫。	教化 定住 後以疾辭。 太不花 忽都不花
忽都不花 十月。	忽都不花
	呂思誠
魏中立 孔思立 七月。	福壽 孔思立

己丑	庚寅	辛卯
九年	十年	十一年
朶兒只　七月，罷爲國王。 脱脱　閏七月，復相。	脱脱	脱脱
太平　七月，罷爲承旨。		
柏顔　八月，以集賢大學士除。 太不花 欽察台　四月，以知樞密院事除。 忽都不花 定住	柏顔 太不花 定住 搠思監　正月。 普化	太不花
禿滿迭兒　閏七月，除四川右丞。 搠思監　閏七月，以也可札魯忽赤除。	玉樞虎兒吐華　正月。	玉樞虎兒吐華
呂思誠　後遷中丞。 韓元善　四月。	韓元善	韓元善
撒馬篤 玉樞虎兒吐華　閏七月。 秦從德　洛陽人，秦長卿從孫。出爲江浙行省參知政事。	脱列 韓鏞	脱列

	壬辰
	十二年
	脱脱 二月總兵，八月出師，十一月還朝。
定住 搠思監 十一月，拜御史大夫。 普化 朵兒只班	定住 搠思監 四月，以御史大夫除。 普化 忽都海牙 四月，以翰林學士除。 月魯不花 正月，由宣政院使除。
	玉樞虎兒吐華 二月，分省彰德，後遷四川行省平章。 哈麻 八月添設。
	韓元善 二月，分省彰德。八月卒。 賈魯 二月添設。
韓鏞 出爲甘肅參知政事。 松壽 分省濟甯。 烏古孫良楨 十二月。	帖里帖穆爾 二月，分省濟甯。十一月，出爲江浙添設右丞。 烏古孫良楨 悟良哈台 三月添設。 杜秉彝 十月添設。

癸巳	甲午
十三年	十四年
脱脱	脱脱 九月，總兵出征。十二月，詔削官爵，淮南王置。
	定住
定住 搠思監 後拜御史大夫，尋又爲平章。 普化 忽都海牙 哈麻 正月，由添設除。 答失八都魯	定住 十二月，升左丞相。 搠思監 普化 月赤察兒 九月辛酉，由知院除。
哈麻 正月，代玉樞虎兒吐華爲正。 禿禿 悟良哈台 正月，代哈麻四月爲正。	悟良哈台 桑哥失理 十二月，由中政院使除添設。
烏古孫良楨 正月。	烏古孫良楨 吕思誠 十二月，由湖廣左丞召爲添設。
巒子 正月，由侍御除。 杜秉彝 正月，代烏古孫良楨。	巒子 臧卜 八月甲子，由將作中政院使遷參知政事。 杜秉彝

	乙未
	十五年
	汪家奴 二月。 定住 十一月辭，以太保就第治病。
	定住 四月，拜右丞相。 哈麻 四月癸酉拜。
哈麻 瑣南班 十二月，由永昌宣慰使除。	搠思監 正月，出爲陝西平章。九月，復入，進爲首平章。 哈麻 四月升左丞相。 達識帖睦兒 二月除。八月除江浙左丞相。 紐的該 九月癸未，由知嶺北行樞密院事除。
	悟良哈台 正月，除河南平章。 蠻子 九月，除中政院使。 拜住 九月，代蠻子。十二月，分省濟南。 斡欒〔一〇〕 由樞密同知代拜住。 臧卜 四月，分省彰德。
	許有壬 中順大夫。九月，爲集賢大學士。 呂思誠 四月罷。 烏古孫良楨 四月，分省彰德。 杜秉彝
	臧卜 實理門〔一一〕 李稷 滕縣人，登泰定丁卯進士第。 成遵 月倫失不花 十二月，分省彰德。 陳敬伯 十二月，分省彰德。

	丙申
	十六年
	哈麻 二月，黜罷尋杖殺。 搠思監 四月。
桑哥失里 四月，由太子詹事除。 黑厮 正月，由宣徽使除。 拜住 十月，由右丞升。十二月，分省濟南。	搠思監 二月，除大夫。 帖里帖木爾 桑里失里 悟良哈台
	斡欒
	吕思誠 十月，除大司農卿。 烏古良孫楨
	別怯木兒 完者不花 答蘭 李稷 成遵 實理門 普顏不花

丁酉	
十七年	
搠思監	五月。
太平	五月。
帖里帖木兒	三月，除大夫。
悟良哈台	三月除。
斡欒	三月除。
臧卜	十一月，分省太原，後除陝西平章守甯夏。
老的沙	九月除。
完不花	
答蘭	與參政俺普省敬分省陵州，十一月罷。
別怯木兒	
完者帖木兒	七月，由中丞除。
埜仙普化	九月。
失列門	即實理門，分省濟甯。
八都麻失里	十一月，以參知政事升。
烏古孫良楨	
烏古孫良楨	
成遵	九月，除中丞。
李獻	十一月，由中丞除。
張沖	九月除。
完者帖木兒	十一月，除宣政同知。
俺普	七月，由河南廉訪除。
卜顏帖木兒	十一月。
哈剌那海	十一月。
崔敬	十一月。
陳敬伯	十一月。
李稷	七月戊子，除中丞。
張晉	分省濟甯。

戊戌

十八年

搠思監　十月，收印綬。
定住
太不花　二月，除總兵山東。五月罷。

太平
紐的該

斡欒
完不花　七月除。
老的沙　八月，爲御史大夫。
完不花
脫脫帖木兒　七月，與完不花同除。
燕古思
也先不花
莊嘉
八都麻失里

八都麻失里　六月，升平章。
完者帖木兒
塔失帖木兒

李獻　正月，除翰林學士。
成遵　生你不花。

燕只不花　五月，劾罷。
禿魯　三月，由治書除。
忙哥帖木兒
孛羅帖木兒
安童　二月除。
普顏不花　九月，以參政經略江南。
馬某火者　十一月，除崇福司使。
瑣住
崔敬

己亥	庚子
十九年	二十年
	搠思監 三月，由遼陽行省左丞相拜。
太平	太平 二月罷。 太保
斡欒 完不花 帖里帖木兒 九月癸巳，除陝西左丞相。 朵兒只班 正月除。 莊嘉 也先不花 八都麻失里 佛家奴 九月，出征遼陽。	老的沙 二月，由大夫入中書。後復爲大夫。
塔失帖木兒 不花	不花 分省太原。
成遵 十二月，誣以受贓杖死。	陳敬伯 由參政升。
孛羅帖木兒 伯顏 忙哥帖木兒 脫火赤 分省太原。 王時 江浙行省參政王克敬子。二月，由詳定使除。 趙中 十二月，杖殺。	也先不花 七十 王時 分省太原。

	辛丑
	二十一年
斡欒 完不花 完者帖木兒 達識帖木兒 絆住馬 五月除。 失列門	斡欒 失列門 佛家奴 達識帖木 定住 出爲陝西平章。 答蘭 分省太原〔二〕。
	也先不花 陳敬伯 由左丞升。
	也先不花 陳敬伯
危素 丁好禮	哈剌章 七十 達禮麻失里 不顏 危素

	壬寅
	二十二年
	搠思監 三月。
忙哥帖木兒 九月除。 察罕帖木兒 十月除。	斡欒 擴廓帖木兒 失列門 愛不花 佛家奴 十二月爲大夫。 塔失帖木兒 絆住馬 孛羅帖木兒 三月除。
	也先不花 正月除。 陳敬伯
	玉也速迭兒 七十 剌馬乞剌 分省太原。
	達禮麻失里 伯顏帖木兒 哈剌那海 脱脱木兒 分省太原。 危素

癸卯	二十三年	捌思監		愛不花 分省太原。 完不花 普化 絆住馬 咬住 鄂摩氏，字正德，至順中由河南行省參知政事改西臺侍御史。 完不花 孛羅帖木兒	也先不花 除遼陽左丞相。 陳敬伯	七十 袁渙	伯顏帖木兒 札剌兒台 危素 馬良 七月。
甲辰	二十四年	捌思監 四月，貶嶺北。 孛羅帖木兒 八月。	也速 四月除。 孛羅帖木兒 七月。	瑣住 禿堅帖木兒 五月除。七月除大夫。	不花帖木兒 脱脱木兒 陳敬伯	帖木兒	八都哥 危素 五月除承旨。 王時

	乙巳
	二十五年
	孛羅帖木兒 七月伏誅。 伯撒里 九月二十七日除。康里氏。封永平王。
	擴廓帖木兒 九月除。
山僧 佛家奴 老的沙 七月除。	山僧 老的沙 三月，除右大夫。 擴廓帖木兒 禿堅帖木兒 三月除。 失列門 沙藍答里 十月，升爲頭平章。
	不花帖木兒 十月，升平章。 孛羅 曲朮 答兒麻失里 脫脫木兒 十一月除。 陳敬伯
	帖木兒 袁渙 八月，除河南右丞。 王時 哈剌章 張晉
李士瞻 李國鳳 濟南人。	明安帖木兒 定住 八都兒 達識帖木兒 十二月除。 黎安道 六月除。 帖林沙 十二月除。

上都馬
八月，以誅孛羅功除。後叛降於明。

帖古思不花
八月，以誅孛羅功除。

別帖木兒
三月，除左大夫。

禿魯
除陝西行省左丞相。

脫脫

匡福

慶童

塔失帖木兒
分省上都。

洪寶寶
八月，以誅孛羅功除。

	丙午
	二十六年
	伯撒里
	擴廓帖木兒 總兵河南。 沙藍答里 正月。
捏烈禿 八月，以誅孛羅功除。 不花帖木兒 十月，以右丞升。 忽憐台 以遼行省右丞升。 金那海 八月，以誅孛羅功除。	失列門 九月除大夫。己亥遷御史大夫。 不花帖木兒 月魯帖木兒
	月魯帖木兒 帖林沙 七十 札剌爾台 陳敬伯
	袁渙 李國鳳 八月升。
	帖林沙 亦老温 陳祖仁 以翰林學士除。 董幼安 李國鳳

	丁未
	二十七年
	完者帖木兒 五月至八月。除知院，以老病辭，不許。 也速 八月，拜右相，總兵，分省山東。
	帖里帖木兒 八月，以太尉除爲添設。九月，提調端本堂及領經筵事。 擴廓帖木兒 總兵。十月，罷爲河南王。 阿藍答里 九月，分省大同，加少保，統山西諸軍。十一月卒。
鑾子 三月，除知樞密院事。 札剌爾台	札剌兒 七十 二月除。 俺普 五月，由大宗正札魯火赤除。 臧家奴 月魯帖木兒 十一月，除知大撫軍院事。 伯顏帖木兒 十一月，除知大撫軍院事。
	林帖沙 陳敬伯 八月，升平章。 定住
	定住 八月，升右丞。 董幼安 張守禮 劉益 孫景益 分省河東。
王朵羅歹	哈海 完者帖木兒 八月，爲大撫軍院使。 朵兒只 孫景益 阿剌不花 九月分省。 尹炳文 蓋元魯

哈剌章　十一月，爲頭平章，分省大同。

巒子　八月，添設分省保定。

完者帖木兒　八月，除知大撫軍事。

不顏帖木兒

哈剌那海　分省河東。

董守訓　十月，由嶺北參議升。

胡濬

普顏不花　防禦河北，兵敗，死之。

陝思丁

鐵古思帖木兒　分省保定。

莊家　十二月除。

怯都忽剌　九月除，供給山東。

陳敬伯
八月除。

李克彝
李思齊部將。是年降於明。

火里赤
十月除。

板築兒

丁好禮
十月添設。

帖林沙
十一月，除知撫軍院事。

忽林台
與陳秉直等守禦山東。

陳秉直
十二月除。守禦山東，明兵取濟甯，秉直遁。與楊誠並封國公。

	戊申
	二十八年
	也速
	失列門 五月辛卯，除嶺北左丞相。扈從北行，卒。 慶童 七月，自陝西左丞相召還。京師陷，死之。
楊誠 十二月除。守禦山東。 貊高 十一月除。明年二月，爲擴廓所殺。 關保 河南人。十一月，分省濟甯。明年二月，爲擴廓所殺。	哈剌章 臧家奴 月魯帖木兒 伯顏帖木兒 正月，拜御史大夫。
	定住 火里忽答 張康伯 京師陷，死之。 也速不花
	董幼安 張景益 分省太原。
	張守禮 哈海 張裕 郭庸 京師陷，死之。

擴廓帖木兒
七月除。
也速不花

完者帖木兒
燕赤不花
魏賽因不花
以知樞密院事除。未幾，卒。
李思齊
俺普
兼知樞密院，封秦國公。
瑣住
擴廓帖木兒部將，留守益都。
樸賽因不花
以宣政院使除。京師陷，死之。
迭兒必失
京師陷，死之。

				鼎住			
己酉	二十九年	也速 擴廓帖木兒 正月除。		李百家奴 正月除，六月卒。 撒里蠻 鼎住 留守上都。	脫火赤 爲明兵所獲。		魏伯顏 正月除。 兀魯不花 三月除。

【校勘記】

〔一〕「麥肖」，原作「麥省」，據《元史》卷五本紀第五《世祖三》改。

〔二〕「左丞相」，原作「山丞相」。按據上文忽都察兒上年十一月除左丞相，至此降爲平章政事。「山」顯係「左」之訛，因改。

〔三〕「行台中丞」，原作「行台中子」，據本書卷一二《世祖本紀六》改。

〔四〕「廉不魯迷失海牙」，「迷」字原脱，「失海牙」三字誤作注文，據上文改。

〔五〕「阿魯渾薩理」，原下衍「葉李」二字，蓋涉下文誤，今删。

〔六〕「夾谷」，原作「麥谷」，據《元史》卷一一二表第六上《宰相年表》及本表下文改。

〔七〕「改中書」，原作「改月改」。按《元史》卷一六本紀第十六《世祖十三》載，至元二十八年二月，不忽木以翰林學士承旨爲尚書省平章政事，五月罷尚書省，改不忽木爲中書省平章政事。據例，此當作「改中書」，因改。

〔八〕「尚書省右丞」，原下衍「五」字，據《元史》卷一六本紀第十六《世祖十三》刪。

〔九〕「馬紹」，「別都魯丁」上原重「馬紹」二字，今刪。

〔一〇〕「三月免署商議省事」，「署商議省事」五字原誤在下欄「咱喜魯丁」下。按《元史》卷一七本紀第十七《世祖十四》載「平章政事麥朮丁以久居其任，乞令免署，惟食其禄，與商議中書省事」，今據以移正。

〔一一〕以上兩人原重，今刪重。

〔一二〕以上兩人原重，今刪重。

〔一三〕「四月至十月」，「四月」下原衍「十」字，據上下文例刪。

〔一四〕「楊炎龍」，原重，今刪重。

〔一五〕「哈剌哈孫」，原作「哈哈哈孫」，據《元史》卷一一二表第六上《宰相年表》改。

〔一六〕「張祐」，原作「張佑」，據《元史》卷二一本紀第二十一《成宗四》大德八年九月條改。

〔一七〕「三月至十二月」，「至」字原誤在「三」字上，據文意乙正。

〔一八〕「十二月」，原作「月二月」，據《元史》卷一一二表第六上《宰相年表》改。「九月」，《元史》表作「八月」。

〔一九〕「十二月一月」，「一」字原脱，據《元史》卷一一二表第六上《宰相年表》補。

〔二〇〕「斡欒」，原作「幹欒」，據《元史》卷一一三表第六下《宰相年表二》改。下同。

〔二一〕「實理門」，原作「實理問」，據《元史》卷一一三表第六下《宰相年表二》及本表下文改。

〔二二〕「分省太原」，原作「八省太原」，據《元史》卷一一三表第六下《宰相年表二》改。

新元史卷之三十二　表第六

行省宰相年表上

蒙古初入中原，任軍民之事者，或稱行省。世祖立中書省，車駕巡幸，省臣留守者亦謂之行省。有兵事，則行省與行樞密院迭爲廢置，無定制也。至元十二年，始分立行中書省。有尚書省，又爲行尚書省。尚書省廢，仍爲中書。凡行省十。至正以後，增淮南、福建、山東爲十三行省。至正二十四年立膠東行省，僅置參知政事，與山東分省同。《舊史》又云立廣西行省，而省臣也兒吉尼、郭雲等仍稱湖廣行省平章政事。殆朝命不通，故省臣未之知歟？今附膠東於山東，附廣西於湖廣。爲《行省宰相年表》。

至元十二年	丞相	平章政事	左右丞	參知政事	十三年丞相
嶺北					
河南江北					
江浙初爲江淮	合答		劉整 阿塔海右丞。	塔出 董文炳 阿剌罕鎮江甯。	
江西					
湖廣初爲荆湖	伯顏 史天澤	阿朮二月辛卯除。 廉希憲	阿里海牙右丞。	呂文煥 崔斌 高達十二月，諭參政高達保守新附城邑。	伯顏右丞相，入爲知樞院事。
陝西					
甘肅					
雲南		賽典赤贍思丁			
四川					
遼陽初爲北京		廉希憲召還，改行省判湖。			

平章政事	左右丞	參知政事	十四年 丞相
阿里伯 十月戊子，以平章政事行省事於淮東。	劉整 是年卒。	夏貴 董文炳 留守臨安。 阿剌罕 授江東宣慰使，後拜左丞。	
阿朮 入覲。 阿里海牙 七月甲寅授。 廉希憲	別乞里迷失 右丞。 董文炳 賈居貞 行省移潭州，改宣慰使。 忽都帖木兒 並左丞。	塔出 范文虎 呂師夔 陳巖 並參知政事。	
賽典赤贍思丁			
	禿滿台 左丞。		
		張澍 六月壬辰，行中書省事於北京。	

平章政事	左右丞	參知政事
阿里伯 阿塔海 三月癸丑，行中書省事於江淮。	阿剌罕 左丞，行江東道宣慰使。 忽剌出 福建行省左丞，遷江淮行省右丞。	夏貴 范文虎 陳巖
	塔出 右丞，行中書省事。 麥朮丁 左丞。	徹里木兒 張榮實 也的迷失 昔里門 程鵬飛 蒲壽庚 並參知政事，行江西省事。
阿里海牙 廉希憲	吕文煥 忽都帖木兒 脱博忽魯禿花 崔斌 十月壬午，以參政升左丞。	奥魯赤 以參政行湖北道宣慰使，進平章。 張鼎
賽典赤贍思丁		
合答 三月癸丑，爲平章政事，行中書省於北京。		

	十五年 丞相	平章政事	左右丞
		阿塔海 阿里伯	夏貴 范文虎 陳巖 二月壬午，並爲左丞。 崔斌 忽剌出
焦德裕 福建參知政事。 李恒 葉諦彌實			忙古帶 左丞。 唆都 右丞。 蒲壽庚 左丞。正月乙酉，並行省事於福州。 塔出 呂師夔 以右丞行省事於贛州。
		阿里海涯 廉希憲 召還。	崔斌 左丞。七月丙戌，改江淮行省。 張守智
		賽典赤贍思丁	
			汪良臣 左丞，行四川中書省事。

	參知政事	十六年 丞相	平章政事	左右丞
	昂吉兒		忽辛 由湖廣行省遷。	忽辛 左丞。
	唐兀帶 史弼 二月壬午，並爲參知政事。六月甲戌罷。		阿塔海 阿里伯	崔斌 忽剌出 夏貴 十月卒。 范文虎
董文炳 左丞。	賈居貞 七月丙申，行省事於贛州。 李恒 遷都元帥。 唆都 行省福州。 焦德裕			塔出 呂師夔 帖木兒 左丞。 唆都 右丞，行省泉州。
	張鼎 六月甲戌罷。 張守智 七月丙戌，升左丞。 密立忽辛		阿里海牙	忽辛 由河南行省遷。
			賽典赤贍思丁 是年卒。	
				汪良臣 七月乙卯，罷四川行省。
	張澍			

參知政事	十七年 丞相	平章政事	左右丞
忽辛 五月壬辰，升左丞。別都魯丁 六月甲辰，爲河南宣慰使。			昂吉兒 右丞。
焦德裕 懷都 行省福建，至處州卒。		阿塔海 阿里伯 十二月庚午，坐法死。忽辛	燕帖木兒 右丞。范文虎 五日召入。與右丞相阿剌罕征日本。
			帖木兒不花 塔出 右丞。是年五月卒。呂師夔 左丞。唆都
	阿里海涯	不花	李恒 右丞。
			不花 右丞。李德輝 汪惟正 左丞。
		脱脱木兒	
			納速剌丁 左丞，尋升右丞。
			不花 右丞。汪惟正 李德輝 左丞。
劉思敬 由同簽行院升。			

	參知政事	十八年 丞相	平章政事
崔斌 右丞。十二月庚午，坐法死。 忽剌出		阿塔海 四月庚辰，征日本。以中書左丞相行省事。	忽辛
	劉思敬 焦德裕	阿剌罕 左丞相，行省事。 阿塔海〔二〕 六月庚寅，代阿剌罕。	
		阿里海牙 二月乙亥移治鄂州。	
	李德輝 七月己酉，以安西王相除。		
			麥朮丁 五月癸未，入爲中書右丞。
	囊加歹 也罕的斤 征斡端叛王〔一〕。 愛魯 由宣慰使遷左丞。		
	楊文安		

左右右丞	參知政事	十九年 丞相	平章政事
昂吉兒 升平章。			
忽剌出	鄭温	阿塔海	忽辛 十月乙卯，伏誅。 游顯 九月戊申，行省揚州。
帖木兒不花 忽都帖木兒 右丞，行中書省事。 唆都 右丞。 呂師夔 左丞。	也的迷失 行省事。 劉思敬 帖木不花 焦德裕		
李恒	亦黑迷失	阿里海牙	
汪惟正			不花
博羅歡 以中書右丞行省甘肅。			脫脫木兒
納速剌丁	也罕的斤 信苴日 愛魯		
汪惟正	楊文安		

左右丞	參知政事	二十年 丞相
忽剌出	鄭温 伯顏	阿塔海 二月辛酉，依舊爲征東行省丞相。 相威
帖木兒不花 唆都 忽都 帖木兒 楊文安 左丞。 吕師夔 左丞。	劉思敬 焦德裕	
李恒 來阿八赤 征占城，右丞。	赤里迷失	阿里海涯
汪惟正		
博羅歡 麥朮丁 五月壬申，入爲中書右丞。		
愛魯 左丞。 納速剌丁 拜答兒 右丞。 太卜 右丞。	也罕的斤 信苴日 卒於軍。 愛魯 召詣闕，進左丞。	
汪惟正	楊文安 入覲，遷江西左丞。	

平章政事	左右丞	參知政事
闊闊你敦 三月丁巳，治江淮行省。張惠 行省揚州。忽辛	忽刺出 左丞。	鄭温
	忽都帖木兒 右丞。也先帖木兒 以御史中丞除左丞，行省漳州。帖木兒不花 唆都 楊文安 遷荊湖宣慰使。呂師夔	劉思敬 卒。焦德裕
	李恒 來阿八赤	亦黑迷失 樊楫 三月乙丑罷。
	汪惟正	
	博羅歡 入爲御史大夫。	王椅 六月丙戌，入爲參政。阿合八失
脱脱不花	愛魯 納速剌丁 太卜	也罕的斤
	汪惟正 也速答兒 右丞。	曲立吉思 完顔石柱 是年卒。月連舉赤海牙

	二十一年 丞相	平章政事	左右丞	參知政事
	相威 四月，卒於蠡州。	忙兀帶 九月甲申，由中書右丞行省事除。 張惠	忽拉出 左丞，分省泉州。 蒲壽庚 左丞。是年并江淮、福建行省爲一。	管如德 泉州行省。 鄭温
			帖木兒不花 唆都 戰死。 呂師夔	焦德裕
	阿里海涯		李恒 來阿八赤	也的迷失 亦黑迷失 召還復命，使海外。
			汪惟正	
	脱脱木兒	納速剌丁 由右丞升。	愛魯 太卜	也罕的斤
尋以疾卒。			汪惟正	

二十二年 丞相	平章政事	左右丞	參知政事
忙兀帶 十月戊午，由平章政事拜左丞相。	忙兀帶 張惠 復以平章行省杭州，卒。	忽剌出 嚴忠濟 左丞。	鄭温 召還。 馮珪 董文用
		伯顏 左丞。 帖木兒不花 呂師夔 以乞假還江州卒。	楊居寬 焦德裕
阿里海牙	要束木	要束木 右丞。 李恒 是年卒。 唆都 右丞。 來阿八赤 右丞。 唐兀帶 左丞。	亦黑迷失 賈文備 潘傑
		汪惟正 秋七月壬午入覲，還，卒。	
脱脱木兒	納速剌丁	拜答兒 右丞。 愛魯 左丞。	也罕的斤
			曲立吉思

二十三年 丞相	平章政事	左右丞
	忽剌出 六月卒。	呂文煥 右丞。請老，許之。 完者 左丞，遷右丞。 忽剌出 右丞，三月升平章。 鄭温 左丞。
忙兀帶	奥魯赤	帖木兒不花 右丞。 管如德 左丞。
阿里海牙 五月，自殺於上都。	奥魯赤 二月辛丑除，改江西。丁巳入覲，詔乘傳赴闕。 要束木	劉國傑 由江淮僉書行院遷左丞。 來阿八赤 改交趾行省。
		崔彧 由同簽院事出爲右丞。
	納速剌丁 四月庚子，上便宜事。 也先不花。	愛魯 左丞。
		禿滿答兒 左丞。 昝萬壽 右丞。
闊闊你敦 二月乙巳，罷遼東宣慰司爲東京行省。		塔出 右丞。

	參知政事	二十四年 丞相	平章政事	左右丞	參知政事
教化 右丞。	董文用 高興		沙不丁	完者都 左丞。 鄭温 左丞。 亦黑迷失 左丞。	董文用 高興
	焦德裕		奧魯赤 忽都帖木兒 葉仙鼐	帖木兒不花 管如德	焦德裕
	亦黑迷失 賈文備		要束木	劉國傑 進資德大夫。 來阿八赤 唐兀帶	亦黑迷失 改授江淮行省右丞。 賈文備 是年致仕。 樊楫 烏馬兒
	劉垓 改行省僉事。				
				崔彧	
	也罕的斤		納速剌丁 也先不花 葉仙鼐 改江西。	愛魯 由左丞升右丞，又改尚書右丞。 阿八 左丞。	也罕的斤
	土魯華 劉垓			禿滿答兒 行尚書省左丞，進右丞，卒。	
	楊仁風 亦而撒合		薛闍干 闍里帖木兒 並平章政事。	洪茶邱 右丞。 亦而撒合 左丞。	楊仁風 阿老瓦丁

二十五年 丞相	平章政事	左右丞	參知政事
	昂吉兒		
忙兀帶 自平章復爲左丞相。	沙不丁	完者都 右丞。 鄭温 亦黑迷失	董文用 入爲御史中丞。
	忽都帖木兒 葉仙鼐	帖木兒不花 拜四川平章。	管如德 徐琰 李世安 焦德裕 是年卒。 高興
	要束木 禿滿 五月癸丑，詔湖廣管內並聽禿滿、要束木節制。	劉國傑 唐兀帶 左丞。	朱國寶 參知政事，行尚書省事。
	特穆格 雅岱	崔彧 左丞。	禿烈羊呵 九月戊子，爲宣徽使。 鐵木哥 乞牙帶
	納速剌丁 也先不花	愛魯 征交阯卒。	也罕的斤
	帖木兒不花 兼總軍務。		
	薛闍干		

二十六年 丞相	平章政事	左右丞	參知政事
	昂吉兒 坐庇海盜免官。		
忙兀帶 是年卒。召還。	不魯迷失海牙 沙不丁 卜鄰吉歹 烏馬兒 蔑列	完者都 右丞。 鄭温 亦黑迷失 左丞。	忻都 四月甲戌，詔赴闕。 高興
王呂魯 四月甲戌，以御史大夫爲太傅，僉江西行尚書省事。	奧都赤 葉仙鼐	管如德 左丞。	管如德 正月癸卯，升左丞。 李世安 魏天佑 福建行省。
	要束木	劉國傑 唐兀帶	張守智
		崔彧	
	納速剌丁 也先不花		也罕的斤
	帖木兒不花		
	薛闍干		

二十七年 丞相	平章政事	左右丞	參知政事	二十八年 丞相
	沙不丁 卜鄰吉歹 烏馬兒	完者都轉江西樞密副使。 鄭温 亦里迷失	王巨濟 高興	
忙兀帶是年卒。	奧魯赤 葉仙鼐	楊交璨右丞。 桑哥奏升管如德。	李世安 楊文璨五月乙丑，升左丞。踰歲不至官，以外剌帶代之。 外剌帶 燕公楠	
	要束木 史格	劉國傑遷右丞。		
		李忽蘭吉右丞。		
	納速剌丁 也先不花	崔彧	也罕的斤明年，改四川行樞密院副使〔三〕。	
	帖木兒不花			
	薛闍干 闍里帖木兒	洪茶邱左丞。		

平章政事	左右丞	參知政事	二十九年 丞相
伯顏 博羅歡 堅童 驛召赴闕，以疾卒。			
沙不丁 烏馬兒 以罪誅。 卜鄰吉帶 鐵木兒	鄭温 亦黑迷失	燕公楠 高興	
葉仙鼐			
要束木 五月甲辰，以罪誅。 史格 七月卒。 合剌合孫 九月入朝。	廉希恕 右丞。五月戊戌，由參知政事除。 劉國傑 遷行院副使。 禿忽魯 右丞。	鄭制宜	合剌合孫
納速剌丁	李忽蘭吉		
	崔彧 右丞。三月壬戌入爲中書右丞。		
納速剌丁 遷陝西省。 也先不花 賽陽 遷晉王內史。		兀難 六月乙酉，遷梁王傅。 怯剌	
帖木兒不花			
薛闍干 搭出 闊里帶 十二月卒。	洪重喜 右丞。改軍民總管。		

平章政事	左右丞	參知政事	二十年 丞相
伯顏 博羅歡		張宏略	
卜鄰吉歹	高興 升福建行省平章。 鄭温 右丞。	燕公楠 張瑄 高興 遷福建平章。	
史弼 高興 亦黑迷失 行省福建。 伯顏 葉仙鼐 史耀			
闊里吉思	禿忽魯	張文虎	合剌合孫
納剌速丁 是年卒。	李忽蘭吉		
阿散			
也先不花 賽陽			
帖木兒不花		劉垓 未幾，謝病歸。	
薛闍干 阿散 五月丙子，大甯路惠州民飢死者五百人，詔責省臣阿散。	洪重喜 右丞。六月遷。		

平章政事	左右丞	參知政事	三十一年 丞相
伯顏 十二月己卯，入爲中書平章。 博羅歡		張宏略	
	暗普 二月己丑，由宣政使遷左丞。 楊璉真 加子，五月丙寅罷。 鄭温 是年卒。	燕公楠 入爲大司農。 張瑄	
葉仙鼐 伯顏 史耀 高興			
闊里吉思 劉國傑 湖廣安南行平章事。	秃忽魯	張文虎	合剌合孫
	李忽蘭吉		
阿散			
也先不花			
帖木兒不花			
薛闍干	洪重喜		

平章政事	左右丞	參知政事	元貞元年 丞相	平章政事
拜降 博羅歡	燕公楠 右丞。	張宏略		拜降 是年卒。 博羅歡
也速解兒 卜鄰吉歹 阿老瓦丁 完者都	燕公楠 改拜江浙行省右丞。	張瑄		也速解兒 阿老瓦丁 正月庚午，入爲參知政事。 完者都 明里不花 鐵木耳
葉仙鼐 伯顏 奧魯赤 高興				奧魯赤 高興 福建行省。
闊里吉思 劉國傑 除仁虞院副使。	禿忽魯	張文虎 徵還。	合剌合孫	闊里吉思 劉國傑 加榮祿大夫。
葉仙鼐 改陝西平章，謝病歸。 不忽木 七月癸酉，入中書。	忽魯火孫 右丞。由中書右丞改。 李忽蘭吉			
				阿散 又作「哈珊」。
也先不花				也先不花
也速解兒				也速解兒
薛闍干	洪重喜			薛闍干

左右丞	參知政事	元貞二年 丞相	平章政事	左右丞
	張宏略		博羅歡	夾谷堅實 右丞。
撒里蠻 正月壬申，爲副都元帥。 史耀 右丞。 馬紹 右丞。 禿忽魯	張瑄 李世安		也速解兒 完者都 鐵木耳	馬紹 左丞。
史耀 左丞，遷湖廣。 史弼 右丞。 董士選 右丞。			奧者赤 高興	史弼 史耀 右丞。 董士選 左丞。
燕公楠 右丞，由江浙改。 禿忽魯 改江浙右丞。 史耀		合剌合孫	闊里吉思 劉國傑 程鵬飛	燕公楠
李忽蘭吉 忽魯火孫			也先鐵木兒 脫列伯	忽魯火孫 李忽蘭吉 改右丞，卒。
			阿散	
楊炎龍 正月癸亥，入爲中書左丞。			也先不花	
			也剌解兒	
洪重喜 阿撒 左丞。			薛闍干	洪重喜

參知政事	大德元年 丞相	平章政事	左右丞
朱清 張宏略 二月卒。 李世安 由江浙改。		博羅歡 移江西行省。	
李世安		也速解兒 八月卒。	禿忽魯 右丞，召爲樞密副使。 馬紹
張瑄 七月壬午，增江西、河南參政一員，以清、瑄爲之。		奧魯赤 史弼 由右丞升。 高興 從興言，徙治泉州，爲福建平海行省。	史弼 由同知樞密院事除右丞。 燕公楠 右丞。 八都馬辛 爲中書左丞。
	合剌合孫	闊里吉思 劉國傑 程鵬飛	燕公楠 右丞。
		也先鐵木兒 三月庚午，入爲中書平章。 脫列伯 也速帶	
		阿散	
怯烈		也先不花	忽辛 右丞。 劉正 右丞。 劉深 右丞。寶坻人。
立智理威		也速解兒	
		薛闍干	洪重喜

參知政事	大德二年 丞相	平章政事	左右丞	參知政事	大德三年 丞相
朱清 李世安				朱清 李世安	
	合剌合孫 十二月辛未，升丞相。	合剌合孫 也速解兒 是年卒。 完者都 是年卒。 脱脱 高興	馬紹		合剌合孫 正月癸巳，入爲中書右丞相。
張瑄		伯顏 奧魯赤 是年卒。 高興 博羅歡	史弼	張瑄	
		合剌合孫 闊里吉思 改福建平章。 劉國傑 也先不花 程鵬飛	燕公楠 八都馬辛 左丞，入爲中書右丞。		
		脱列伯			
		阿散			
怯烈		也先不花 遷湖廣平章。	忽辛 右丞。 劉正 左丞。 劉深	張立道 是年卒。 怯烈	
立智理威		也速解兒		立智理威	
		薛闍干	洪重喜		

大德四年 丞相	平章政事	左右丞	參知政事
	博羅歡 改江浙行省。	馬紹 右丞，由江浙改。	朱清 是年擢大司農。 李世安
	博羅歡 脱脱 高興	馬紹	張文虎 由漕運使遷。
	伯顏 二月丁巳，罷福建平海。 闊里吉思 遷征東行省。	高興 遷江西。 史弼	張瑄
	也先不花 劉國傑	燕公楠	
	趙弼 字元輔，慶陽人，以平章議陝西行省事。		
	阿散		
	薛超兀兒〔四〕	怯烈 左丞，由參政升。 忽辛 右丞。 劉正 劉深 劉得禄 左丞。	高阿康 以雲南土官除。 怯烈
	也速觧兒 二月丁巳，罷四川行省。		立智理威 改湖南宣慰。
	薛闍干	洪重喜	

平章政事	左右丞	參知政事	大德五年 丞相	平章政事
	馬紹 是年卒。 朱清	朱清		二哥 八月遣赴雲南，雜問薛超兀兒等軍事。
博羅歡 是年卒。 脱脱 高興		張文虎 張瑄 後遷左丞。		脱脱 高興 阿里
史弼	史弼			史弼
也先不花 劉國傑 程鵬飛	燕公楠 右丞。 李世安 左丞。			也先不花 劉國傑 闊里吉思 程鵬飛
				也速答兒 三月，奉旨治軍。
阿散				
薛超兀兒 忙兀都 魯迷失	怯烈 是年卒。右丞。 劉正 劉深 孛蘭奚班 左丞。 劉得禄	高阿康		牀兀兒 薛超兀兒 忙兀都 魯迷失 是年卒。
也速觧兒				阿散 也速觧兒 病免。
	洪重喜			沙蘭 三月乙巳，將萬人駐夏山。

左右丞	參知政事	大德六年 丞相	平章政事	左右丞
朱清				朱清
	董士珍 張文虎 領財賦都總管。		脱脱 高興 阿里 正月丁未，命專領其省財賦。	
			史弼	
燕公楠 右丞。召還。 劉深 合剌帶 右丞。 散竹觧 左丞。	也速忽都魯 鄭祐		也先不花 劉國傑 程鵬飛	李世安 劉深 免官。明年伏誅。
脱歡 右丞。	汪阿塔赤 楊 以參政給軍需。		也速觧兒 阿老瓦丁 闊里吉思 以目疾召還。	脱歡
			合散	
忽辛 劉正 哈剌觧 劉得禄 坐贓免。	高阿康 坐贓誅。		牀兀兒	忽辛 劉正 哈剌觧 以罪免。
			也速觧兒	
洪重喜				洪重喜

参知政事	大德七年 丞相	平章政事	左右丞
			乃蠻台 右丞。
吴元珪 董士珍 張文虎 忽都不丁 七月，入爲中書右丞。		脱脱 阿里 高興 徹里	高翥安祐 與阿里及僉省張祐等詭名買鹽轉賣，遣臺省按問。 董士選 左丞。
		史弼 召還。	
		也先不花 劉國傑 二月乙未卒。 卜鄰吉歹	李世安
汪維勤		也速觧兒 阿老瓦丁 二月辛未，入爲中書平章。	脱歡
		合散 閏五月辛巳，坐侵盗官錢，命按之。	
		牀兀兒 脱脱 也速觧兒 閏五月來朝。	忽辛 右丞。 劉正 月忽乃 左丞。
		脱脱 程鵬飛 六月己丑，立四川行中書省。	
			洪重喜

參知政事	大德八年 丞相	平章政事	左右丞
			乃蠻台
		也先不花	
董士珍 入爲中書參政。 吴元珪 張文虎 坐法死。		脱脱 阿里 九月癸丑，入爲中書平章。 高興 入爲樞密副使。 徹里	劉正 右丞。 董士選 後遷河南。
			劉正 右丞，十月改江浙。
		也先不花 遷河南行省。	李世安
			脱歡 十月辛卯，入爲中書參政。
		哈散 二月卒，在職九年。	
		牀兀兒 五月己巳，以平宋隆濟賜銀鈔金幣。 也速觧兒	忽辛 改四川左丞。
立智理威 在任。		脱脱 程鵬飛	忽辛 左丞，又改江西。 立智理威 左丞。
		薛闍干 別速合 徹里帖木兒	洪重喜

參知政事	大德九年 丞相	平章政事	左右丞	參知政事	大德十年 丞相
			乃蠻台		
		也先不花 阿散 五月癸亥，領芍陂屯田事。			
吴元珪		脱脱 高興 徹里	劉正	吴元珪	
				姚燧	
	也先不花 由河南平章拜右丞相。		李世安		也先不花
		賀仁傑 平章政事，商議陝西行省事。			
梁曾 賜三珠虎符，尋召還。		也速觪兒	忽辛 右丞。劉正 左丞。耶律忙古帶 左丞。	梁曾	
劉垓		脱脱 程鵬飛	立智理威	劉垓	
		薛闍干	洪重喜		

平章政事	左右丞	參知政事	大德十一年 丞相
	乃蠻台		月赤察兒 七月癸酉，以太師爲右丞相。 合剌合孫 由中書右丞相拜左丞相。
阿散 三月甲午，入爲中書平章。 高興 卜鄰吉歹			
脱脱 闊里 三月甲午，入爲中書平章。 阿老瓦丁 教化	劉正 右丞。 洪君祥 右丞，改遼陽。	吴元珪	
	忽辛 左丞。		
忽剌朮 貫只哥	立智理威 左丞。 李世安		
賀仁傑		田滋	
哈珊		陳英 由浙西道廉訪使陳除〔五〕。	
也速解兒 與汪惟能討蠻賊。	汪惟能 右丞。		
程鵬飛	杜思敬 左丞。入爲中書左丞。 立智理威 改湖廣。	劉垓	
薛闍干	洪重喜 罷。 洪君祥 右丞。		

平章政事	左右丞
	乃蠻台
高興 卜鄰吉歹 董士選	
脱脱 是年卒。 明里不花 五月壬辰，入爲中書平章。 塔失海牙 七月丙子，入爲知樞密院。 教化 六月丁丑，入爲中書平章。 别不花 九月己丑，由中書平章除。	劉正 召入中書。 郝天挺 左丞。七月入爲中書左丞。 立智理威
脱脱 六月辛亥，遷江浙。 鐵木迭兒 六月丁丑，由中書平章除。 脱虎脱	忽辛 左丞。
忽刺出 貫只哥	李世安 左丞。
賀仁傑	
哈珊	
也速解兒	
程鵬飛	欽察 左丞。五月除。
薛闍干 合散 五月，由中書平章遷。	洪君祥 入爲同知院。 洪重喜 右丞。七月拜。

參知政事	至大元年 丞相	平章政事	左右丞	參知政事
	月赤察兒 右丞相。合刺合孫 左丞相。是年卒。		乃蠻台	
梁曾 尋遷湖廣。	卜鄰吉歹 高興 以左丞相商議行省事。	何瑋 由中書左丞升。囊家台	也速 右丞。十月入爲知樞密院事。	劉敏中
吴元珪 入爲僉院。	忽刺出	別不花 九月丁丑，由中書平章除。		
梁曾	鐵木迭兒 四月戊戌，加右丞相。斡赤	忽辛 由江浙左丞遷。鐵木迭兒 升左丞相。		梁曾
	也先不花	貫只哥 禿顔不花 以擁護仁宗功除，後拜左丞相，年月闕。	立智理威 李世安 左丞。召入商議樞密院事。	
		賀仁傑 也罕的斤 正月丁卯，以平章政事議陝西省事。		
陳英		哈珊	脱脱木兒 右丞。三月戊寅入爲中書平章。	陳英
	也速觧兒			王忱
劉垓		程鵬飛	欽察	劉垓
		合散	洪重喜	

至大二年 丞相	平章政事	左右丞	參知政事
月赤察兒		乃蠻台 囊家歹 十二月己卯，月赤察兒言左丞囊家歹淩侮，詔鎖赴和林。	
卜鄰吉歹 高興	塔失海涯 何瑋 董士選		
忽剌出	孛蘭奚	高昉 由參政升左丞。	高昉 由中書參政除。
別不花 斡赤	烏伯都剌 張驢		郝彬 以行中書省參政改尚書省。 梁曾
也先不花 是年卒。		散朮帶 左丞。十一月丁亥，入爲中書平章。 立智理威	
沙的 八月，由行臺御史大夫拜左丞相。	賀仁傑		伯帖木兒 謝讓 由刑部尚書遷。
	哈珊		脱因納
鐵木迭兒	汪惟勤	算只兒威 右丞。	王忱
	程鵬飛 斡羅思 召還。 札忽兒觧	欽察	劉垓
合散 十月丁丑，由行省平章拜左丞相。	合散 十月丁丑遷。	洪重喜 以罪謫漳州。	

至大三年 丞相	平章政事	左右丞	參知政事
月赤察兒		乃蠻台	
卜鄰吉歹 高興	塔失海涯 何瑋 十一月戊申卒。		
答失蠻 忽剌出 八月丁未，入爲御史大夫。	孛蘭奚 烏馬兒 遣人從使臣昵匝馬丁取贓吏紹興獄中釋之，詔台臣往鞫。	沙不丁 左丞。 高昉	
別不花 左丞相。十一月戊子來朝。 斡赤		史弼 右丞。	敬儼 以疾告。 梁曾
		立智理威 右丞。卒於官。	
	賀仁傑 只兒合郎 三月乙酉，由知樞密院事除。		謝讓 拜西臺侍御史。 伯帖木兒 入爲太子家令。
	哈珊		脫因納
鐵木迭兒	汪惟勤	算只兒威	王忱
也速解兒	程鵬飛	欽察	劉垓 移鎮廣東。
合散 以左丞相行中書省平章政事，商議遼陽行省事。			

至大四年 丞相	平章政事	左右丞
月赤察兒		乃蠻台 孛里馬速 以右丞經理屯田稱海。
卜鄰吉歹 高興	塔失海涯	王約 右丞。
康里脫脫 二月拜。	孛蘭奚 烏馬兒 中書奏用。二月丙寅，以御史言黜免。 張驢 四月丁未，以太子少保除。	高昉 哈答孫 以中書右丞兼浙東道宣慰使，征四明賊。
別不花 斡赤	別不花 斡赤 是年，命和林、江浙外各省惟置平章二員。	史弼
	賀仁傑 是年卒。 只兒哈郎 孛羅帖木兒 中書奏用。二月丙寅，以御史言黜免。	兀伯都剌 以左丞入爲中書右丞。
	哈珊	
鐵木迭兒 正月丁酉，入爲右丞相。	闊里吉思 中書奏用。二月丙寅，以御史言黜免。	阿忽台 右丞。 算只兒威
	程鵬飛 正月壬子，召入。	
	合散 十一月己未，入爲中書平章。	

參知政事	皇慶元年 丞相	平章政事	左右丞	參知政事
	二月甲戌，改嶺北行省。		乃蠻台	
塔失迭木兒 中書奏用。二月丙寅，以御史言黜免。	高興 卜鄰吉歹	塔失海牙 三月戊申，入爲御史大夫。 囊家歹	王約 右丞。召爲集賢大學士。 郝天挺 左丞。入爲御史中丞。	
萬僧 中書奏用。二月丙寅，以御史言黜免。	康里脱脱	孛蘭奚 張驢 五月丙申，入爲中書平章。	吴元珪 左丞。以疾罷。 高昉 曹立 右丞。	
梁曾 以疾告。	斡赤		郝天挺 右丞。尋遷河南右丞。 史弼	
	亦憐真			
		董士選	蕭拜住 右丞。	
脱因納 入爲太僕卿。		哈珊		
王忱			阿忽台 右丞。 算只兒威 十月甲子，有罪，國師請釋之，帝曰：「官事僧不當與。」	王忱
			欽察	
		王伯勝 買驢		

皇慶二年 **丞相**		止鄰吉歹 高興 是年卒。	康里脫脫 別不花	斡赤	亦憐真					
平章政事		郝天挺 由御史中丞遷。		李世安		董士選				王伯勝 買驢 二月乙卯，爲入中書平章。
左右丞	乃蠻台	董士珍 左丞。召爲御史中丞。	吳元珪 右丞。 高昉 左丞。	史弼		蕭拜住			欽察	
參知政事			敬儼 由浙東廉訪使除。 趙世延 召拜侍御史。			謝讓 尋拜西臺侍御史。		王忱		
延祐元年 **丞相**		卜鄰吉帶 六月戊子，封河南王。	康里脫脫 別不花	斡赤	亦憐真					

平章知事	左右丞	參知政事	延祐二年 丞相	平章政事
	乃蠻台			
	高昉 正月庚子，入爲中書參政。 吳元珪	敬儼 冬，移疾歸。	康里脱脱	張驢 三月丁丑，由中書平章除。
李世安	史弼		斡赤	李世安
董士選	蕭拜住		阿思罕 左丞相。十一月，奉周王入河中，爲塔察兒所殺。	塔察兒
拜都 由行臺御史大夫遷。	吳元珪 右丞。由浙江行省遷。			拜都
		王忱 召拜昭文館大學士。		
	欽察			
王伯勝	曷剌 左丞。			王伯勝 改大都留守。

	左右丞	參知政事	延祐三年 丞相	平章政事	左右丞	參知政事
	乃蠻台				乃蠻台	
童童 九月，坐荒汰免官。			康里脱脱 黑驢 左丞相。	張驢		
	史弼		斡赤 五月癸亥，授大司徒。	李世安 以母老乞養歸。	史弼	
		元明喜				
	蕭拜住		阿思罕 禿忽魯 十二月庚午，以知樞密院事遷。	塔察兒	蕭拜住 入爲中書平章政事。	
	吳元珪			拜都	脱因納 右丞。	
	趙世延 右丞。陛辭，復留於京師。					
	欽察				欽察	
	曷剌 左丞。				曷剌 左丞。入爲大司農。	

延祐四年 丞相	平章政事	左右丞	參知政事	延祐五年 丞相	平章政事
		乃蠻台			
也先鐵木兒				也先鐵木兒	
黑驢 二月壬午，入爲中書平章。 康里脱脱	拜都 入爲太子賓客。	王毅 右丞。入爲中書平章。		康里脱脱	
		木八剌 右丞。二月丙寅，入爲中書右丞。 史弼		康里脱脱 自江浙改江西。	
	買住			朵兒只的斤	買住 正月丁亥，加魯國公。
禿忽魯	趙世榮			禿忽魯	
	拜都 移江浙。	脱因納 右丞。			完者
	完者 正月丙辰，以知樞密院事遷。				
	趙世延	欽察			趙世延 由昭文館學士、大都留守除。

左右丞	參知政事	延祐六年 丞相	平章政事	左右丞	參知政事	延祐七年 丞相
乃蠻台				乃蠻台		忻都 以官錢犒軍免，詔復其職。
陳英 左丞。是年罷英所括民田。		也先鐵木兒				也先鐵木兒
		黑驢	伯顏			黑驢 二月壬午，入爲中書平章。
史弼 入爲中書平章政事。		康里脱脱				康里脱脱 六月丁巳，入爲御史大夫。
		朶兒只的斤				朶兒只的斤
		禿忽魯	趙世榮			禿忽魯
脱因納 右丞。			欽察	脱因納		
朶兒只 右丞。	汪惟正 十二月戊寅，賜虎符。		完者	朶兒只	汪惟正	
欽察			趙世延	欽察		
						是年，遼陽行省丞相降本省平章，史失其名。

平章政事	左右丞	參知政事	至治元年 丞相
阿散 五月己丑，由左丞相除。戊戌伏誅。	乃蠻台 換住 二月丙寅，由中書左丞出爲右丞。 朵羅台 右丞。		
也先鐵木兒 四月丙辰，由行省丞相降。六月丙辰，召至京師。			
伯顏 遷陝西行臺御史大夫。 伯顏察兒 十二月癸酉免。 買驢 五月丙午免。 脫歡		回回	
撒伯都 十二月癸酉免。 也兒吉尼 七月己巳，由知樞密院事除。	木八剌 二月丙寅，以右丞入爲中書右丞。十二月己巳，復出爲右丞。		
朵兒只的斤 四月丙辰，由行省丞相降。 阿禮海涯 二月戊寅，由中書平章除。		陳端	
趙世榮 二月丙寅，入爲中書平章。 董士選			禿忽魯
欽察 七月乙未，入爲知樞院事。 兀伯都剌 二月戊寅，由中書平章除。	脫因納 右丞。		
趙世延 二月丙子，逮赴都。	欽察 正月，召爲中書參政。		完者
買驢 七月甲申，由知樞密院事除。 哈丹 七月甲申，由知樞密院事除。			

平章政事	左右丞	參知政事	至治二年 丞相	平章政事	左右丞
	乃蠻台				乃蠻台 改甘肅平章政事。
站馬赤		你咱馬丁 十月丙寅免。			薛處敬 二月癸卯，由中書參政出爲左丞。
		回回 考績爲各省最，丁父憂去官。		阿里海牙	
貫只哥 也兒吉尼				貫只哥 也兒吉尼	
		陳端 由中書參政選。		忽刺歹	
董士選 是年卒。			禿忽魯		
兀伯都刺	脱因納 右丞。			乃蠻台	脱因納 入爲通政使。
忽辛 答失鐵木兒 朵兒只				忽辛 答失鐵木兒 朵兒只 五月己酉，坐贓免。	
買驢				買閭 二月乙卯，入爲中書平章。	

年份	官職	1	2	3	4	5	6	7	8	9	10
	參知政事			王君仁 二月癸卯，入爲中書參政。		陳端 入爲集賢學士。					
至治三年	丞相					忽剌歹	禿忽魯 十月甲子，入爲御史大夫。				
	平章政事		相嘉失禮	兀伯都剌 十月丙戌，入爲中書平章。 脫歡	也兒吉尼 貫只哥	阿里海涯 高昉		乃蠻台	忽辛 四月壬寅，坐贓免。		
	左右丞						廉惇 左丞。				
	參知政事										
泰定元年	丞相					忽剌歹					
	平章政事		相嘉失禮〔六〕	脫歡	也兒吉尼 正月乙未，召赴闕。 貫只哥	高昉 佩金虎符，節制諸軍。		乃蠻台	也兒吉尼 九月己酉，以知樞密院事除。	囊家歹 三月庚子，兼宣政院使。	

左右丞	參知政事	泰定二年 丞相	平章政事	左右丞	參知政事
潑皮 四月甲子，由左丞入爲中書左丞。	帖失 假嶺北參知政事使西域。				
			阿里海牙 相嘉失禮	姚煒 左丞。	
		脫歡 正月甲辰，升左丞相。	高昉		
朵班 左丞。			貫只哥 伯顏		
		忽剌歹		乞住 左丞。	馬合謀 九月戊申，遣使宣撫兩浙。
廉惇				廉惇 九月戊申，以左丞宣撫四川。	張昇 還遼東廉訪使。
			乃蠻台		
		也兒吉尼	囊家歹		
				陳端 左丞。	

泰定三年 丞相			脱歡		忽剌歹			也兒吉尼		
平章政事	撒特迷失 正月癸亥，由知院除。	阿里海牙 伯顏	貫只哥 高昉		帖木兒補化	阿里海牙 由河南行省遷。	乃蠻台		囊家歹 禿哈帖木兒 六月癸酉，丁憂除，請終喪，許之。	
左右丞		韓若愚 左丞。	趙簡 四月庚寅，以右丞入爲集賢大學士。	史壎 左丞。						
參知政事						劉事義 由陝西行臺侍御史除。八月卒。				王結 召拜刑部尚書。
泰定四年 丞相			脱歡		忽剌歹			也兒吉尼		
平章政事		伯顏 童童 世官河南，大爲奸利。 曲烈	高昉	把失忽都 帖木兒補化		阿里海牙 探馬赤	乃蠻台	馬忽思 三月戊子除。	囊家歹 寬徹	

左右丞	參知政事	致和元年八月壬申改元天曆 丞相	平章政事	左右丞
			塔失帖木兒 五月戊子，入爲平章。 潑皮	燕不憐 六月乙酉，入爲知樞密院事。
韓若愚		伯顏 八月丁未，升左丞相。戊子，入爲御史大夫。	伯顏 曲烈 八月癸卯被殺。 阿禮海涯 八月庚戌，除。十一月，遷西臺大夫。	別帖木兒 八月癸卯被殺。
史壎 六月，以母卒去官。	張毅 張友諒	脫歡 是年卒。 朵兒只 九月甲戌，以南臺大夫遷。	曹立 八月壬申，以中書右丞除。 明理董阿 九月癸未，以中書平章除。	易釋董阿 九月乙丑，入爲太禧院使。
			八失忽都 禿堅帖木兒 九月乙亥，入爲太禧院使。	
			乞住 鐵木兒補化 八月壬辰，入爲知院。	馬合謀 左丞。八月甲辰，執送京師。
			探馬赤	
			乃蠻台 朵兒只	
		也兒吉尼 九月戊子，召不至。	馬忽思	
			囊家歹 十一月丙子，自稱鎮西王。 寬徹 十一月丙戌，囊家台殺之。	脫脫 左丞。 忻都 右丞。
			禿滿迭兒	

	參知政事	天曆二年 丞相	平章政事
		潑皮	塔即吉 四月甲辰，爲御史劾罷。 那海 四月癸卯除。
姚煒 十月己酉，以左丞入爲儲慶使。 韓若愚 脫帖木兒 右丞。	脫孛台 八月乙巳被殺。	朵兒只 亦都護	乞住 也速迭兒 徹里迭木兒 由中書右丞除。
張思明 左丞。	張友諒 九月戊午，入爲中書參政。		朵兒只 忽剌台 四月癸卯除。 曹立 五月甲戌，入爲詹事。
			貫只哥 是年卒。 八失忽都 以貪婪劾罷。
別薛 左丞。 速速 右丞。八月，入爲中書右丞。	鄭昂霄		高昉 劉脫歡
	王結 改同知儲慶司事。		探馬赤 乃蠻台 呂天祺
			怯來 只兒哈郎 四月癸卯，並除平章。 朵兒只 八月壬辰，入爲中書右丞。 乃蠻台
		也兒吉尼 三月戊辰，棄官遁。	馬忽思
			囊家台 四月己亥降，九月戊戌誅。 塔出 汪壽昌
	王克敬		

左右丞	參知政事	至順元年 丞相	平章政事
馬謀 四月甲辰，爲御史劾罷。左丞。			哈八兒禿 八月己丑，爲御史劾罷。
韓若愚 右丞。遷江淮廉訪使。 張昇 左丞。			徹里帖木兒 六月丙申，兼知行樞密院事。 乞住 三月，遷雲南行省。 也速迭兒
張思明 左丞。召入中書。			童童 朵兒只
			岳柱
	鄭昂霄 孛羅		脫歡
			探馬赤 六月丙申，兼行樞密同知。 呂天祺 教化
			乃蠻台 七月戊戌，封宣寗王。
躍里帖木兒 左丞。			帖木兒不花 四月壬寅，諸蠻叛，爲所害。 乞住
			搭出 汪壽昌
		伯帖木兒 左丞相。正月丁巳，由知樞密院事除。	哈剌帖木兒 八月罷。

左右丞	參知政事	至順二年 丞相	平章政事	左右丞
			也速迭兒	那海 右丞。
	別兒怯不花		朵兒只 四月乙未改江西，以疾辭。 童童 易釋董阿	
			岳柱	
	納麟 入爲户部尚書。		玥璐不花	移剌四奴 左丞。
怯烈 左丞。			吕天祺 姚煒	
			月魯帖木兒 十二月丁卯，御史言非蒙古族姓，且闇於事機，勿合總兵，從之。	
躍里帖木兒 右丞。 帖木兒不花 左丞。	忽都沙		探馬赤 總制境内軍事。 乞住	帖木兒不花 左丞。 躍里帖木兒
孛羅 六月庚子，賜金虎符。			塔出 汪壽昌 欽察台 七月壬午，以御史言，禁錮廣東。	
		伯帖木兒 左丞相。是年卒。		

參知政事	至順三年 丞相	平章政事	左右丞	參知政事
		岳柱		咬住 改西臺侍御史。
杜貞	朵兒只	易釋董阿 徹里帖木兒		杜貞 出涖漕事。
李允中 九月丁亥，坐李邦寧姪罷。		岳柱 脱歡		
		玥璐不花 三月乙巳，遷西臺御史大夫。 脱亦納 五月甲戌，賜虎符。		
汪長安		探馬赤	帖木兒不花 左丞。行省言，去年九月，與禄余戰敗，乞援之。	
馬鎔 九月乙亥，御史劾罷。		汪壽昌 四月戊午，辭職，不允。		

元統元年 丞相	平章政事	左右丞	參知政事	元統二年 丞相
	岳柱 是年卒。		王都中 中道以疾辭，詔即家拜江浙參政。	阿里海涯 正月庚寅，拜左丞相。
	徹里帖木兒		孛朮魯翀 王克敬 王都中	阿里海牙 三月丁未，由河南行省遷。是年八月，中書平章阿里海涯罷，由江浙入爲平章，失其日月。
	脫歡			塔失帖木兒
	脫亦納			
	探馬赤			
	劉脫歡			
	燕不憐			

平章政事	左右丞	參知政事	至元元年 丞相	平章政事	左右丞	參知政事
						張宏 謝病去。
				玥璐不花		
徹里帖木兒 召拜中丞。 牙不花		孛朮魯翀 以遷葬歸。 王克敬 五月致仕。 王都中	塔失帖木兒 由江西行省遷。		納麟 右丞。	耿煥 入爲中書右丞。 王都中
馬合睦			塔失迭木兒	馬合睦		
探馬赤 脫歡	完澤 右丞。			探馬赤		朵兒赤顏
				趙訓		
劉脫歡				劉脫歡		
燕不憐						

至元二年 丞相	平章政事	左右丞	參知政事	至元三年 丞相
	玥璐不花 十一月丁巳，奉命爲僧於西番。脫歡			
塔失帖木兒 遷南臺御史大夫。鐵木兒補化 六月戊子拜。		納麟	王都中	鐵木兒補化 搠思監 十月乙亥，命提調海運。
	馬合謀 伯撒里			
	那海 十一月壬子除。脫歡 改江浙。			
	劉脫歡			

平章政事	左右丞	參知政事	至元四年 丞相	平章政事
月魯帖木兒	慶童 左丞。			月魯帖木兒
右吉 坐貪墨流海南。 馬合謀	納麟	王都中 搠思監 十月乙亥，提調海運。	塔失帖木兒	脱歡 別不花 六月，招討南勝縣反賊。
伯撒里 禿兒迭失海牙	燕帖木兒沙的 左丞。			伯撒里
那海				燕赤
劉脱歡		舉理 四月壬戌，命捕反賊韓法師。		
			朵兒只 三月辛酉，拜左丞相。	

左右丞	參知政事	至元五年 丞相	平章政事	左右丞	參知政事
			也先帖木兒		
			月祿帖木兒 十一月戊辰，爲盜范孟端所殺。	刼烈 左丞。與月魯帖木兒同被殺。	
納麟	王都中 搠思監	塔失帖木兒	別不花	納麟	王都中 搠思監
		伯撒里			
			鞏卜班 三月，由中書右丞除。		
		朵兒只	阿吉剌 三月，由中書平章除。		

至元六年 丞相	平章政事	左右丞	參知政事	至正元年 丞相
乃蠻台 左丞相。	也先帖木兒 二月己亥，入爲御史大夫。			乃蠻台
朵兒只 伯顏 二月己丑，由中書丞相貶。辛未，詔徙於南恩州。				朵兒只
	納麟 別不花	搠思監 右丞。	王都中 搠思監 擢湖北道肅政使，改江浙行省右丞。	塔失帖木兒 別兒怯不花
伯撒里				伯撒里
	鞏卜班			
	脫脫木兒			

平章政事	左右丞	參知政事	至正二年 丞相	平章政事	左右丞
			乃蠻台 本年辭職。		
			朵兒只	只兒瓦台 五月丁亥，由江浙行省遷。	
別不花 只兒瓦台 納麟	佛住 左丞。 搠思監 改山東肅政廉訪使。	道童 王都中 是年卒。	別兒怯不花 十二月，拜左丞相。	只兒瓦台 納麟	
			伯撒里	慶童	
鞏卜班 十一月，猺寇邊，詔討之。		董守廉		鞏卜班 九月己亥，詔領江浙、河南諸軍，討道州賊。	
				朵朵 十月己亥，辭職，不允。	
脱脱木兒 十二月壬戌，車里反，討平之。				卜顔	
塔失帖木兒 爲烏古孫良楨劾罷。					

參知政事	至正三年 丞相	平章政事	左右丞	參知政事	至正四年 丞相
	朵兒只	納麟 由江浙行省遷。			朵兒只
道童	別兒怯不花	納麟		道童	朵兒只 由河南行省遷。 別兒怯不花
	伯撒里	慶童	燕帖木兒 右丞。		伯撒里
蘇天爵 遷陝西行臺侍御史。		鞏卜班 十月乙未，入爲宣徽使。			
		朵朵			
不老 十二月丙辰，賜三珠虎符，討死可伐。		卜顏			

平章政事	左右丞	參知政事	至正五年 丞相	平章政事
納麟 三月癸丑，入爲中書平章。 慶童	廉惠山海牙 右丞。			慶童
朵兒只 巙巙〔七〕		道童 秦從德 九月辛亥，由治書侍御史除，提調海運。	伯撒里 朵只	巙巙 召還爲翰林承旨〔八〕。
蠻子海牙 道童			蠻子海牙	完者不花
星吉 十二月召還。	廉惠山海牙 右丞。以武昌失守，免。			
朵朵				朵朵

左右丞	參知政事	至正六年 丞相	平章政事	左右丞
王守誠 左丞。	王守誠 巡四川，進左丞。	朶兒只	買奴 以翰林學士承旨致仕。	答里麻 右丞。
	道童 秦從德 巡江南、湖廣。	朶兒只	古納剌 改南臺御史中丞。	忽都不花 左丞。
忽都不花 左丞。巡兩浙、江東。		伯撒里	慶童 完者不花	秃魯 右丞。命與忽都不花討羅天麟。
			狗兒	
王紳 左丞。巡甘肅永昌。	蓋苗		朶朶	
			亦憐真班 由除政使。除未幾，召還。	蓋苗 左丞。
			亦秃渾 六月丁巳除。	
		伯撒里 七月丙戌，以右丞相拜左丞相。	朶兒只班	

參知政事	至正七年 丞相	平章政事	左右丞	參知政事
		買奴	答里麻 遷陝西行臺中丞。	
道童 秦從德	朵兒只 召爲御史大夫。	達識帖睦邇 由大司農升。 亦憐真班		道童 三月，入爲中書參政。 秦從德 蘇天爵
	伯撒里	慶童		
李好文		狗兒	沙班 右丞。九月丁卯，討賊，戰歿。 章伯顏 左丞。	李好文
蓋苗 入爲治書侍御史。		朵朵 入爲中書平章，後出爲左丞相。		
			蓋苗 是年卒。	
		亦都渾		
		太不花		朵郎吉兒

至正八年 丞相	平章政事	左右丞	參知政事	至正九年 丞相	平章政事
					月魯不花 八月甲辰，入爲宣政使。
	亦憐真班 達識帖睦邇 入爲大司農。	道童 右丞。後升本省平章。	秦從德 朵兒真班 爲方國珍所執。 蘇天爵		韓家納 閏月辛酉除。 道童
伯撒里	慶童			伯撒里	
	狗兒 亦憐真班 由浙江行省遷。	章伯顏 引兵捕土寇莫萬五等。	李好文	亦憐真班 七月乙未，入爲知院。	達識帖睦邇 三月己巳，由大司農除。
	朵兒只班 太不花 召爲中書平章政事。				別不花 朵爾直班 入爲中政使。

左右丞									禿滿迭兒 右丞。閏七月除，中塗爲哈麻所殺。	
參知政事			秦從德 入爲中書參政。 蘇天爵 以疾歸。		李好文 改廉訪使。 呂思誠					
至正十年 丞相				伯撒里	達識帖睦邇					
平章政事			道童	禿堅不花	星吉 和尚 代星吉。					
左右丞			孛羅帖木兒 左丞。							
參知政事			樊執敬		呂思誠				歸暘 正月遷。	
至正十一年 丞相	阿魯圖 爲太傅，守和林。		亦憐真班	伯撒里						

平章政事	左右丞	參知政事	至正十二年 丞相	平章政事
賈魯				禿魯 六月辛亥，命給江甯軍需。 達識帖睦邇 太不花 加太尉。
卜顏帖木兒 定定 教化	孛羅帖木兒 左丞。爲方國珍所執。	樊執敬	亦憐真班	慶童 卜顏帖木兒 定定 三旦八 教化 月魯帖木兒 是年卒。
禿堅魯不花 十一月除。 道童	太不花 右丞。 亦憐真班[九] 左丞[一〇]。		伯撒里 亦憐真班 三月戊戌，由江浙行省遷。	星吉 十一月乙亥除。 道童
星吉 失列門		鐵傑 呂思誠		星吉 和尚 正月己未，賊陷武昌，棄城走。 失列門
				月魯帖木兒
		韓鏞		帖木哥 三月丁卯，由南臺御史大夫遷。 鎖南班 七月庚寅，賜金帶一。
月魯帖木兒 咬住		答失八都魯 歸暘		月魯帖木兒 咬住 八失忽都 三月，詔便宜行事。
慶童				慶童

	左右丞
	德住右丞。二月，命守東明。 匝納祿〔一〕左丞。以失悞軍需左遷。〔二〕 扎撒溫孫右丞。
	左納失里右丞。守燕湖。 佛家閭左丞。 徐左丞。 老老左丞。 帖理帖木兒右丞。
	太不花右丞。 火你赤右丞。 兀忽失右丞。 亦憐真右丞。 章伯顏左丞。
也先帖木兒閏三月，詔便宜行事。俄命還京師。 朵爾直班由西臺御史大夫四月左遷。	阿兒灰左丞。升散階正二品。
	長吉右丞。

參知政事	至正十三年 丞相	平章政事	左右丞
	阿剌吉 五月癸酉除。		
王也速迭兒 以失悮軍需左遷。 李猷 命供給軍需。		太不花	許有壬 左丞。
泰不花 三月辛巳除。命下已殉難。 章嘉 樊執敬 爲賊殺。 惟賢		慶童 卜顏帖木兒 三日八 咬咬 九月乙亥，削王爵。	買住丁 十月癸酉，由參政升。 帖里帖木兒 左丞。
朵解	伯撒里 亦憐真班	道童	火你赤 亦憐真班〔一三〕
楊延禮不花 六月乙丑，遥授左丞。 卜顏不花 升散階正一品。 鐵傑 呂思誠		朵兒只班 也先帖木兒	伯顏不花 左丞。
		卜答失里 正月壬申，命爲總兵官。 孛羅	
韓鏞		鎖南班 四月庚子，除永昌宣慰使，仍給平章俸。	
		咬住 八月癸卯，左遷淮西元帥。	
野峻台 答失八都魯 桑哥失里 歸暘 除刑部尚書。		玉樞虎兒吐華 六月丙申，命便宜行事。	答失八都魯 右丞。正月乙酉遷。

	參知政事	至正十四年 **丞相**	**平章政事**
		太不花 由平章政事拜左丞相。	太不花
	國寶 鎮徽州。 買住丁 提調海運。		卜顏帖木兒 慶童 三旦八 定定 咬咬
	阿魯灰	伯撒里 亦憐真班 八月卒。	道童 正月癸亥，加大司徒。 也先帖木兒
	鐵傑 呂思誠		狗兒 二月己未，改淮南行省。
			禿禿 搠思監 答兒麻監藏 正月丙戌遙授，實授宣政使。
	韓鏞		
完者不花 右丞。八月癸卯，與玉樞虎兒吐華同守中興路。 桑禿失里 左丞。	野峻台 哈臨禿		答失八都魯 三月，由右丞升。
			朵里不花 由右丞升。

左右丞	參知政事	至正十五年 丞相
許有壬左丞。		太不花五月壬辰，削官爵。
佛家閭右丞。領鎮江水軍萬户府。帖里帖木兒以罪免。阿里温沙三月，由參政升右丞。	阿里温沙 恩甯三月，由浙東宣慰使除。	達識帖木邇七月，走蕭山。太平未行，改淮南。
阿兒灰五月，由參政升。	阿兒灰	伯撒里
伯顏不花右丞。呂思誠二月，除左丞。七月庚申，入爲中書左丞。	呂思誠召爲中書添設左丞。	太不花十一月甲午，拜左丞相。
嵬的右丞。	韓鏞	
答失八都魯右丞。		
朵里不花		咬咬二月，由河南行省平章拜左丞相。

平章政事	左右丞	參知政事
咬咬 答失八都魯 五月癸酉，由四川行省改。 悟良合台 正月，由中書右丞除。	許有壬 正月戊午，由左丞入爲大學士。 不花 右丞。	洪丑驢 塔失帖木兒 崔敬
慶童 卜顏帖木兒 三旦八 定定		納麟哈剌 脱因 戰殁。 吉尼哥兒
道童 加大司徒。 火你赤		
阿魯灰 咬住 六月，以總兵官領水軍。 乞剌班 正月，以慢功削官爵。 桑哥亦 禿渾 禿禿	卜蘭奚 右丞。	哈林禿
禿禿 六月己卯，加號達剌罕。 搠思監		述律朶兒只 阿魯温沙
迭里迷失 八月甲戌除。		
玉樞虎兒吐華	完者都 右丞。 沙剌班 左丞。 哈林禿 右丞。	
朶里不花 奇伯顏不花 正月丙子，由左丞升。 咬咬	奇伯顏不花 左丞。	

至正十六年　丞相	平章政事	左右丞
答失八都魯　十二月，拜左丞相。	伯家奴　答蘭　李好文　以光禄大夫終身。	卜蘭奚
達識帖木邇	慶童　卜顏帖木兒　十一月卒。　左答納失里　七月，張士誠陷杭州，戰殁。　定定　三月丙申，明兵陣鎮江，戰殁。　三旦八	答納失里　左丞。戰死。
伯撒里	火你赤	
太不花	卜蘭奚　四月庚申，由河南左丞升。　阿魯灰　正月，爲苗軍所殺。	
朵朵　左丞相。四月丁卯，由西臺御史大夫拜。		
		識里木　左丞。
	囊革歹　哈林禿	完者都　右丞。　孛羅帖木兒　左丞。
咬咬　正月乙巳，入爲太子詹事。四月丁卯，復出爲左丞相。　太平　左丞相。	奇伯顏不花　四月丙寅，加大司徒。　朵里不花	

參知政事	至正十七年 丞相	平章政事	左右丞
洪丑驢 述律杰 九月，賊陷潼關，戰殁。		答蘭 十一月戊午，入爲中書平章。	
楊完者 貢師泰 吉尼哥兒	達識帖睦邇	夏章 九月叛。 慶童 召拜翰林承旨，改淮南，未行，仍任江浙。 普化帖木兒 丑的 由右丞升。	楊完者 左丞。由參政升。
全普庵 撒里 朵歹	伯撒里	道童 四月，爲賊所害。 火你赤 三月，封營國公。	
也先帖木兒	太不花	卜蘭奚	榮祿 右丞。
	朵朵	伯嘉訥 由行臺中丞除。	察罕帖木兒 二月除左丞。
	咬咬 四月辛酉拜。		
趙資	答失八都魯 三月加太尉。十二月卒。	囊革歹	李思齊 二月除左丞。
	太平 五月，入中書爲左丞相。	朵里不花	

	參知政事	至正十八年 丞相	平章政事
			巙子 四月庚寅，由翰林承旨除。
			孛羅帖木兒 正月拜。 周全 七月丁酉叛，後爲賊所殺。 劉哈喇
丑的 右丞。	方國珍 八月乙丑除。 周伯奇 貢師泰	達識帖睦邇	慶童 三旦八 八月丁卯，遁走福建。 丑的 爲台臣劾罷，安置陝西。
	全普庵撒里	伯撒里	火你赤 朵里不花 阿魯温沙
		太不花 入爲中書右丞相。	
蕭家奴 以遇賊逃竄，詔正其罪。			察罕帖木兒 六月戊辰，由右丞除，便宜行事。
		阿吉剌 五月甲辰拜。	
完者都 哈林禿 明玉珍 入蜀，完者都遁，哈林禿被獲。 孛羅帖木兒	趙資 高寶 二月甲戌除。		囊果歹
			朵里不花

左右丞	參知政事	至正十九年 丞相
不花 董摶霄〔一四〕右丞。死之。 察罕帖木兒 右丞。	闊闊 匡福	
方國珍 五月，除左丞，加太尉。 崔敬 左丞。 楊完者 爲張士誠所殺。	貢師泰 入爲户部尚書。 石抹宜孫 不花 逃走。	達識帖睦邇
	全普庵撒里 十二月乙丑，陳友諒陷贛州，死之。 楊泰元 吴當	伯撒里
	周全 二月丙辰除。 黄昭	
察罕帖木兒 五月除右丞。		完者帖木兒 五月壬申拜，便宜行事。
		阿吉剌
買奴 二月，爲青巾賊所執。 完者都	韓叔亨 爲青巾賊所執。 趙資	
		搠思監 七月壬辰拜，便宜行事。

	平章政事	左右丞	參知政事	至正二十年 丞相
	察罕帖木兒 八月戊寅遷。	察罕帖木兒	闕闕	
	方國珍 十月壬申遷。 慶童 張士信	方國珍 遷平章政事。	石抹宜孫	達識帖睦邇 八月，加太尉。
	朶里不花			伯撒里
			和尚 三月辛巳除。	
帖里帖木兒 九月癸巳，由中書拜平章。	察罕帖木兒			帖里帖木兒
				阿吉剌 閏月己未，加太尉。
	囊果歹 二月，明玉珍寇嘉定，與右丞完者都、參政趙資同死之。	完者都	趙資	
				搠思監 三月壬子，入爲中書右丞相。

平章政事	左右丞	參知政事	至正二十一年 丞相	平章政事	左右丞
			老章 九月戊午，加太傅，封和甯王。		
察罕帖木兒		闊闊		察罕帖木兒 十月癸酉，入爲平章。	闊闊 左丞。
方國珍 張士信 丑的	汪同 右丞。張士誠殺之。	石抹宜孫 六月，死之。	達識帖睦邇	丑的 方國珍 張士信	
朵里不花 沙剌班	忽都不花 右丞。十月除。		伯撒里	朵里不花	
		張良弼 十月甲辰除。	帖里帖木兒	定住 九月，由中書平章除。	
		張居敬 秋七月辛酉，命討義州賊。	也先不花		

參知政事	至正二十二年 丞相	平章政事	左右丞	參知政事
	老章			
闊闊 升左丞。				
	達識帖睦邇	丑的〔二五〕 方國珍 張士信		
何真 江西、福建參政，治廣州。	伯撒里	朵列不花 分省廣東。	何真 左丞。由行省參政升。	韓準 由本道廉訪使拜。 邵宗愚 江西、福建參政。
張良弼				劉鶚
張良弼 四月除。	完者帖木兒 正月丁卯，由太尉拜左丞相。		汪惟正 左丞。 塔不歹 右丞。二月，爲盜所殺。	車力帖木兒 朱希哲
	也速 八月戊辰，拜左丞相。			徹力帖木兒

至正二十三年 丞相	平章政事	左右丞	參知政事	至正二十四年 丞相	平章政事
	朴賽因不花 也速答兒				朴賽因不花 也速答兒
達識帖睦邇	丑的 張士信	答蘭帖木兒 右丞。		達識帖睦邇 仰藥自殺。	張士信 八月乙卯，張士誠自以士信代達識帖睦邇爲左丞相。 丑的
伯撒里	朵里不花	何真	韓準 改侍御史。 邵宗愚	伯撒里	
	也兒吉尼 廣西行省平章政事。		劉鶚		也兒吉尼
		答失帖木兒 右丞。			李思齊
			陳祖仁		朵兒只班
	段功				段功
	普顔迭達失			察罕布哈	
也速 也先不花	高家奴			也速 四月甲申，入爲左丞相。	高家奴

左右丞	參知政事	至正二十五年 丞相	平章政事	左右丞	參知政事	至正二十六年 丞相
		山僧 左丞相。	朴賽因不花			
			張翥	袁渙 右丞。八月除。		
答蘭帖木兒			方國珍			方國珍 十月丙戌，由平章拜左相。
何真	劉鶚 死於賊。 邵宗愚	伯撒里 召拜中書右丞相。		何真	邵宗愚	
			也兒吉尼	周文貴 右丞。		
	陳祖仁 八月，除山北道肅政廉訪使。	慶童 左丞相。 禿魯 左丞相。	李思齊 臧卜			
			朵兒只班			
			高家奴	忽憐台		也先不花

平章政事	左右丞	參知政事	至正二十七年 丞相
朴賽因不花			失列門 五月辛卯，由知樞密院事拜左丞相。
張翥	袁渙 入爲中書左丞。		
長壽 十一月辛卯，爲明兵所殺。 方國瑛 方國珉 方明善 十月丙戌，均除平章政事。			方國珍
	何真	邵宗愚	
也兒吉尼 郭雲 廣西行省。			
李思齊 孔興			慶童 禿魯 七月，拜左丞相、少保，兼知行樞密院。
高家奴			也先不花 納哈出

平章政事	左右丞	參知政事	至正二十八年 丞相	平章政事
李克彝 阿魯温				李克彝 二月，明兵入汴梁，克彝遁。 阿魯温 叛降於明。
	何真 鐵里迷失 右丞。爲邵宗愚所害。	邵宗愚 四月，爲明兵所殺。		
也兒吉尼 阿思蘭 郭雲				阿思蘭 七月戊子，降於明。 也兒吉尼 死之。
李思齊			禿魯	李思齊 二月，降於明。 哈麻圖 歪頭 明兵至，俱遁。
失剌				脫歡不花
高家奴			也先不花 入爲中書左丞相。 納哈出 降於明。	高家奴 劉益 降於明。

	左右丞	參知政事
		蔡子英 爲明人獲。
	何真 叛降於明。	
	盧 左丞。分省廣東，後降明。	
張思道 孔興		王克彝 明年入覲應昌。
	驢兒達德 右丞。後從梁王自殺。	
		賽因不花

【校勘記】

〔一〕「斡端」，原作「幹端」，據《元史》卷一一本紀第十一《世祖八》至元十七年九月壬子條改。

〔二〕「阿塔海」，原作「塔海阿」，據《元史》卷一一本紀第十一《世祖八》至元十八年六月丙寅條改。

〔三〕「四川」，原作「四用」，據《元史》卷一三三列傳第二十《也罕的斤傳》改。

〔四〕「薛超兀兒」，原作「薛兀超兒」，據本書卷一四《成宗本紀》改。下表間亦訛作「薛兀超兒」，同改。

〔五〕「由浙西道廉訪使陳除」，「陳」字疑衍。

〔六〕「相嘉失禮」，「禮」字原脱，據本表上下文補。

〔七〕「巎巎」，原作「夔夔」，據中華書局點校本《元史》卷一四三列傳第三十《巎巎傳》及校勘記改。下表同。

〔八〕「翰林承旨」，原作「翰林丞旨」，據本書卷二四《惠宗本紀二》至正五年五月己丑條。

〔九〕「亦憐真班」，「班」字原脱，據《元史》卷一四五列傳第三十二《亦憐真班傳》補。

〔一〇〕「左丞」，原作「右丞」，據《元史》卷一四五列傳第三十二《亦憐真班傳》改。

〔一一〕「匝納禄」，「匝」字原脱，據《元史》卷四二本紀第四十二《順帝五》補。

〔一二〕「軍需」，原作「事需」，據《元史》卷四二本紀第四十二《順帝五》補。

〔一三〕「亦憐真班」，「班」字原脱，據本表上文補。

〔一四〕「董摶霄」，原作「董摶霄」，據《元史》卷一八八列傳第七十五《董摶霄傳》補。

〔一五〕「丑的」，原作「的丑」，據本表上下文乙正。

新元史卷之三十三　表第七

行省宰相表下

至正十二年	淮南行省	福建行省	山東行省
丞相			
平章政事	晃火兒不花 失列門 閏三月戊戌，以翰林學士承旨晃火兒不花、湖廣行省平章失列門並爲淮南行省平章政事。 禿思迷失 十月甲寅，由知樞密院使除。 達識帖木兒 六月，命便宜行事。 福壽 六月，詔駐興化。		
左右丞	蠻子 右丞。由淮東元帥除。		

	偰哲篤 左丞。 秦從德 左丞。		
參知政事	趙璉 移鎮泰州。三月，爲張士誠所殺。		
至正十三年 丞相			
平章政事	失列門 達識帖木兒		
左右丞			
參知政事			
至正十四年 丞相	達識帖木兒 六月，督諸軍討士誠，失利。		
平章政事	苟兒 二月己未，由湖廣行省遷。 咬住 失列門		
左右丞	阿魯恢 右丞。 烏古孫良楨 由中書左丞出爲右丞。		

	參知政事	
至正十五年	丞相	太平 達識帖木兒
	平章政事	失列門 福壽 咬住 五月，命撫諭高郵。 蠻子海牙 六月，命攻和州等處。 慶童 十月乙卯，由翰林學士承旨遷。 保保 一名老保。 普顏不花
	左右丞	烏古孫良楨 除中書左丞，分省彰德。
	參知政事	余闕 拜江淮行省參知政事。
至正十六年	丞相	達識帖木兒 正月壬午，改福建宣慰使司都元帥府爲福建行省。
	平章政事	失列門 福壽 二月，與達魯花赤達尼達思、參政百家奴死之。 左答納里失 阿魯温沙 五月，以江浙行省平章左答納里失、南台中丞阿魯温沙並爲行省平章政事。

左右丞				
參知政事	余闕 百家奴　二月死之。			
至正十七年 丞相	太平　五月，入爲中書左丞相。			
平章政事	張士德　八月除。 失列門　七月，入爲中書平章。	阿魯温沙		哈剌章　九月，由大司農遷。
左右丞	余闕　右丞。八月乙丑，由參政升。 楊完者　右丞。			
參知政事	余闕 楊完者　遷右丞。			
至正十八年 丞相				
平章政事	張士德　開府平章，加太尉。	阿魯温沙 普化帖木兒　十一月乙未遷。		卜顏帖木兒 張普

			慶童 遷江南行臺大夫。	
左右丞		余闕 五月丙午，陳友諒陷安慶，死之。		
參知政事				
至正十九年 丞相				
平章政事		張士誠	阿魯溫沙 普化帖木兒 秋賜御衣、上尊，加銀青光禄大夫，位第一，便宜從事。	
左右丞				
參知政事				
至正二十年 丞相				
平章政事		張士誠 也速 由中書平章遷。	阿魯溫沙 普化帖木兒 改江南行臺御史大夫。 完者帖木兒 由同知淮南行院除。	
左右丞				

參知政事		袁天禄 二月，以福甯州叛，降於朱元璋。	
至正二十一年 丞相		是年，江西、福建合爲一省。按：是時江西諸路皆爲陳友諒所據。二十一年以後，惟據廣東之何真、邵宗愚稱江西福建行省。若陳有定、燕只不花等仍稱福建行省。有定至二十六年始改江西福建行省。	
平章政事	張士誠	完者帖木兒 普化帖木兒	
左右丞			
參知政事			
至正二十二年 丞相			
平章政事	張士誠	燕只不花 九月，敗賽補丁。 普化帖木兒	保保
左右丞		孫觀 左丞。分省泉州。 羅良 左丞。守漳州，爲陳友定所敗，戰死。	

參知政事		陳友定 由延平總管升。五月，復汀州路。	
至正二十三年 丞相			
平章政事	張士誠	燕只不花 陳友定 由參政升。	保保 普顏不花
左右丞		章完者 右丞。	
參知政事			袁宏 三月，立膠東行中書省，總制東方。袁宏爲參知政事。
至正二十四年 丞相			
平章政事		燕只不花 陳友定 分省延平。	保保 普顏不花
左右丞			
參知政事			
至正二十五年 丞相	方國珍 八月，拜右丞相，分省慶元。		

平章政事		燕只不花 陳友定	保保 普顏不花
左右丞			
參知政事		范昌大	
至正二十六年 丞相	方國珍 八月丙戌，遷江浙行省。		
平章政事		陳友定 八月戊寅，改福建江西行省平章政事。	保保 普顏不花
左右丞			
參知政事			
至正二十七年 丞相			也速 以右丞相分省山東。
平章政事	王信 遷山東平章政事。 王宣 十月乙巳除，封沂國公。二十九年，降明。	陳友定 曲出 五月丙子，以空名宣敕付二人，驗有功者給之。	普顏不花 明兵陷益都，死之。 王信 保保 十一月辛丑，明兵陷益都，降。
左右丞			
參知政事		文殊海牙	